VIAGGIO NEL PROCESSO CREATIVO ARTISTICO

Nicola Zavanella

Titolo | Viaggio nel processo creativo artistico
Autore | Nicola Zavanella
Copertina a cura dell'autore

A Elise

INDICE

CAPITOLO 4 - LA PERSONA CREATIVA

INTRODUZIONE

Con questo testo è mia intenzione affrontare quei processi mentali (cognitivi) e in particolare intrapsichici (dinamici) che caratterizzano la creatività.

Cercherò di descrivere come il processo creativo possa generarsi ed evolversi focalizzando l'attenzione sull'intreccio motivazionale, affettivo e cognitivo che sta alla base di ogni atto creativo.

A partire dall'ispirazione, fino alla concretizzazione dell'atto creativo stesso, l'obbiettivo di questo lavoro sarà quello di "lanciare un ponte" tra le teorie che relegano il fenomeno nella sfera inconscia e quelle che tendono a circoscriverlo ad una serie di operazioni e di abilità cognitive.

Dopo una rapida panoramica delle varie posizioni prese negli anni dalle diverse correnti psicologiche, approfondirò il pensiero psicoanalitico, sempre con l'intento di riuscire a cogliere l'essenza del processo creativo, che si configura come fenomeno tanto affascinante quanto sfuggente. Prenderò poi in esame il fenomeno dell'*insight*, poiché strettamente connesso con l'atto creativo, parlando anche di come esso possa essere considerato il fine ultimo della psicoanalisi stessa. Verrà gettato uno sguardo alle caratteristiche salienti della personalità creativa e anche a quali siano gli ambienti familiari e scolastici che ne favoriscono l'espressione e lo sviluppo.

Il testo terminerà con un riferimento a Karl Popper e a come il processo creativo possa essere messo in relazione con ciò che lui chiamava "mondo tre". In questo mondo, che Popper distingue da quello degli oggetti fisici (mondo uno) e da quello degli stati mentali (mondo due), si troverebbero i prodotti della mente dell'uomo, compresi quelli dell'arte e della scienza.

Questa concettualizzazione di Popper, associata ad eventi autobiografici, ha rappresentato il punto di partenza di una riflessione interiore personale e, al tempo stesso, di questo libro.

CAPITOLO 1

Aspetti cognitivi

1.1 Difficoltà di avvio dell'indagine sperimentale

Fin dai primi anni del secolo scorso la psicologia si è interessata a più riprese all'individuazione delle componenti e delle abilità cognitive che giocano un ruolo centrale nell'atto creativo. I primi grandi ostacoli per un serio avvio del discorso consistevano nella difficoltà di isolare gli aspetti della creatività artistica dagli aspetti della creatività del vivere quotidiano e dalla difficoltà di tenere distinta l'esigenza di comprensione del processo creativo in chiave globale, contrapposta all'esigenza di frazionarlo per descriverne le molteplici componenti che si attivano in esso.

Questi ostacoli sono stati poi amplificati dal fatto che la psicologia scientifica degli inizi era fortemente permeata da nozioni e terminologie di pura derivazione filosofica. In un panorama in cui non si riusciva nemmeno parzialmente a descrivere le procedure del pensiero intellettuale, risultava difficile rispondere alla domanda di cosa fosse il pensiero creativo.

I primi lavori strettamente collegati alla modalità creativa di pensiero arrivano dagli psicologi gestaltisti attivi in Germania e successivamente nelle università statunitensi, i quali dedicavano sezioni consistenti della propria ricerca all'analisi del comportamento cognitivo che conduce alla soluzione dei problemi (*problem solving*).

È in questo contesto che si viene a creare un costrutto che rappresenta l'antenato arcaico di ciò che noi oggi chiamiamo creatività: il pensiero produttivo.

1.2 Il pensiero produttivo gestaltista

Il punto di partenza che innescò nei gestaltisti l'interesse e la concettualizzazione del pensiero produttivo fu il tentativo di capire quali fossero le procedure di pensiero con cui il soggetto affronta una situazione problematica che non si può risolvere basandosi su comportamenti istintivi o appresi precedentemente.

Per Wertheimer il pensiero produttivo consiste nel rendersi conto delle caratteristiche strutturali della situazione problematica e delle implicite possibilità di soluzione che si possono scorgere in essa; tali suggerimenti risolutivi, se riconosciuti, possono indicare la direzione che porta al superamento della situazione stessa attraverso cambiamenti di centratura cognitiva.

Considerando che ogni problema comporta difficoltà, il lavoro ottimale del pensiero consisterebbe nel vedere tali difficoltà in relazione al "tutto problematico", innestando con gradualità dinamica una serie di operazioni di raggruppamento, segregazione, centratura, decentratura e trasposizione degli elementi strutturali che permettono di progredire da un approccio confuso ad uno trasparente e adeguato che contiene la ristrutturazione di campo risolutoria: essa è denominata *insight*, è generalmente improvvisa e accompagnata da un vissuto emotivo di soddisfazione e di scoperta.

1.3 *Insight* come ristrutturazione di campo

Il concetto di *insight* prende forma dalla psicologia della Gestalt in Germania nei primi decenni del novecento. Aspetti fondamentali della scuola gestaltista sono: l'attenzione per la totalità del campo e il sistema di rapporti che si stabilisce all'interno di una configurazione di elementi.

Vi sono forme di pensiero che non sono sensibili alla globalità e che non sanno cogliere le relazioni presenti nella struttura; queste vengono definite dai gestaltisti forme di pensiero "riproduttive", nelle quali l'individuo non può che cercare di riprodurre meccanicamente procedure apprese in precedenza (Cesa-Bianchi & Antonietti, 2003).

Al contrario, là dove si coglie il significato del problema in chiave olistica e lo si riesce ad impostare in nuovi termini, è all'opera il pensiero "produttivo". Il pensiero produttivo è contraddistinto dall'emissione istantanea della risposta desiderata; questa risposta è ciò che ha preso il nome di insight (Ibidem).

Nell'insight il soggetto ha una sorta di "illuminazione" e la situazione gli si presenta improvvisamente in una nuova luce, cioè diviene immediatamente evidente qualche suo nuovo aspetto prima non avvertito o non considerato. Il pensiero produttivo si specifica inoltre come capacità di cogliere la struttura della situazione, il principio funzionale unitario, i rapporti intrinseci tra le parti (Ibidem).

Grazie all'attenzione alle strutture, il pensiero produttivo permette di cogliere nuove proprietà degli elementi del problema, i quali vengono pensati ed utilizzati in nuovi ruoli o in diversa prospettiva. Si attua così una ristrutturazione del problema stesso (Ibidem).

Credo che per il verificarsi dell'insight, spesso il soggetto debba avere l'abilità di sapersi "allontanare" dalla situazione problematica in una sorta di processo di *bottom up* mentale; elevarsi al di sopra di essa per poter cogliere le relazioni tra le parti e ristrutturare così il campo. Una volta avvenuta l'illuminazione (insight) il soggetto può iniziare un processo mentale opposto (*top down*) e risolvere la situazione in modo creativo. Si tratta di un lavoro simile a quello che metaforicamente potrebbe compiere un fotografo: a volte per individuare un particolare saliente di una configurazione serve zoomare all'indietro, prendere le distanze e lasciare che esso emerga dalla totalità del campo per poi poterlo successivamente mettere a fuoco stretto.

L'attivazione delle procedure produttive di pensiero è ostacolata da alcuni fenomeni, tra cui: la "fissità" (Kanzisa, 1973) la quale fa sì che alcuni elementi del problema mostrino una certa resistenza alla trasformazione. Alcuni aspetti del campo problematico tendono dunque ad essere interpretati come intoccabili o irremovibili. Essi rimangono sempre sullo sfondo o continuano a rimanere marginali, mentre la soluzione richiederebbe che essi vengano posti in primo piano, determinando così il ricentramento del problema (Duncker, 1935).

La "meccanicizzazione" del pensiero è un altro fenomeno che ostacola il sorgere dell'insight e consiste nella tendenza a ripetere la medesima strategia già attuata con successo in situazioni analoghe, anche se la situazione attuale permette l'applicazione di una strategia diversa e più economica (Luchins, 1942; Luchins & Luchins, 1950, 1959).

Altro ostacolo è rappresentato dall' "atteggiamento latente": una persona con un proprio caratteristico modo di rispondere a una certa categoria di problemi può essere incline a rispondere a un altro genere di problemi secondo la medesima modalità, anche se questa ora non è più pertinente. L'individuo tende cioè a trasferire da un contesto problematico all'altro la medesima impostazione, senza avvertire la diversità di struttura tra i due contesti (Koffka, 1935).

Anche la "direzione" (Maier, 1930, 1931, 1933) rende più difficile la ristrutturazione di campo: essa si designa con il persistere di una strategia improduttiva. Una volta imboccata una certa direzione, l'individuo continuerà a provare con insistenza una certa gamma di tentativi che non lo condurranno mai all'insight, poiché questo richiede un diverso approccio di partenza.

Già nel 1926 Wallas scomponeva l'atto mentale creativo in quattro fasi: preparazione, incubazione, illuminazione e verifica. Ciò che Wallas intendeva per illuminazione è paragonabile a ciò che si intende oggi per insight e le due fasi che egli aveva individuato come antecedenti all'illuminazione stessa (preparazione e incubazione) sono universalmente accettate della comunità scientifica.

Durante la preparazione la mente definisce il problema e incamera i dati cruciali; questa fase richiede un atteggiamento metodico e sistematico. Caratteristiche di questa fase sono: capacità di individuare un problema, familiarità con i fatti di base, orientamento a trovare una soluzione.

Nella fase d'incubazione avviene l'elaborazione mentale dei materiali disponibili alla ricerca di un ordine che produca un nuovo senso o una soluzione. È un processo che si sviluppa per prove ed errori, per flussi di pensiero apparentemente disordinati e altalenanti. Questa elaborazione continua anche in momenti nei quali l'attenzione cosciente è sospesa e anzi, è proprio in quei momenti in cui essa viene allentata, che la soluzione si palesa di fronte a noi in modo illuminante (Rubini, 1980).

La storia della scienza è ricca di esperienze di questo tipo, alcuni esempi ne sono stati Einstein, Newton, Fleming e molti altri.

Le più grandi scoperte sono nate così, proprio nel momento in cui si smette di pensare alla soluzione del problema, quando ci si rilassa e si lascia che le acquisizioni fatte lavorino "da sole" dentro la propria mente.

L'insight, ovvero l'illuminazione, può allora giungere improvvisamente, inaspettatamente e rappresenta un'elaborazione che non proviene dalla logica della ragione, ma da luoghi dove altre "logiche" comandano (Rubini, 1980).

Da specificare rimane il fatto che nulla capita per pura folgorazione casuale e, come ha sottolineato Weisberg (1986, 1993, 1999) , le condizioni che rendono possibile il verificarsi dell'insight, soprattutto nelle grandi scoperte scientifiche, partono necessariamente da una conoscenza acquisita precedentemente, da una profonda immersione e dedizione al proprio campo d'interesse.

Il grande merito che va riconosciuto ai lavori dei gestaltisti, risiede nel fatto di aver spostato il centro d'interesse dal pensiero intelligente al pensiero produttivo, creando così una prima differenziazione tra i due.

Oltre a ciò, è stato possibile estendere il discorso anche alle tipologie di pensiero assunte in situazioni non problematiche, non chiuse, ma aperte, tali da richiedere un'attività cognitiva più complessa e multifattoriale.

1.4 Analisi fattoriale dei processi creativi

Sul versante psicometrico si era giunti non solo a rendere misurabili processi intellettuali complessi, ma stava crescendo anche la convinzione di poter scomporre e misurare quelle che venivano definite in termini analitici: attitudini mentali.

Come la misurazione dell'intelligenza veniva effettuata attraverso il calcolo del quoziente intellettivo ed era possibile scomporre quest'ultimo in più fattori mentali isolati, Guilford (1956) pensò che anche il pensiero creativo potesse essere in qualche modo scomposto in elementi più semplici. Egli individuò come fattori del processo creativo: la fluidità, la flessibilità, l'elaborazione e la valutazione.

Per fluidità s'intende la capacità di produrre tante idee, indipendentemente che esse siano buone o cattive, in risposta ad uno stimolo e sotto forma di flusso ideativo. Con flessibilità ci si riferisce alla capacità di saper passare da uno schema categoriale a un altro sollecitando un ulteriore produzione di materiale nuovo. Un altro fattore che entra in gioco nel processo creativo è l'elaborazione, che consiste nel saper percorrere in maniera sensata e con ricchezza di particolari la strada ideativa imboccata ampliandone l'intreccio dei concetti che in essa sono stati generati. In ultima analisi vi è poi la valutazione che rappresenta la selezione del materiale ideativo generato e la ritenzione del solo materiale adatto allo scopo che ci si era prefissati. Guilford (1956) distingue tra pensiero convergente e pensiero divergente; in quest'ultimo trovano posto le componenti cognitive della creatività. Le operazioni mentali possono infatti assumere le caratteristiche della convergenza quando trovano la soluzione ad un problema seguendo linee interne al problema stesso e regole già apprese in precedenza; prendono invece la forma della divergenza quando il flusso del pensiero produce qualcosa di nuovo che non era presente nella situazione di inizio. Guilford e altri dopo di lui, hanno dato varie rappresentazioni grafiche dell'intelletto e delle operazioni mentali che in esso possono generarsi, con l'intento di chiarire e spiegare in modo schematico anche le attitudini creative, ma questi modelli sono essenzialmente statici e tradiscono la natura elevatamente dinamica dell'intelletto umano, delineando riduttivamente il pensiero come qualcosa che opera secondo scomparti rigidamente delimitati.

In generale è possibile affermare che il contributo dei fattorialisti, nel contesto di questo lavoro, è stato di notevole importanza per il merito di avere individuato dei tratti salienti del pensiero creativo e per averli resi suscettibili di misurazione statistica anche attraverso l'analisi fattoriale e i coefficienti di correlazione.
Tale contributo risente però del loro approccio di fondo che tendeva a considerare anche il pensiero creativo come la semplice somma dei fattori da essi individuati e non teneva conto della grande interdipendenza funzionale che intercorre nelle varie dimensioni del pensiero e della persona.

1.5 Associazionismo

Di derivazione diretta dalle correnti filosofiche empiristiche inglesi, l'associazionismo (Cesa-Bianchi & Antonietti, 2003) ha alimentato la prima ricerca sperimentale psicologica portando alla legittimazione dell'uso di rigorose tecniche di osservazione e misurazione. Sia il comportamentismo che il cognitivismo, infatti, fondano le proprie radici nell'associazionismo.

Per gli associazionisti (ibidem) la combinazione di fenomeni elementari dà origine a fenomeni complessi; in quest'ottica la creatività altro non è che un concatenarsi di associazioni insolite, ma utili, alle quali si può giungere attraverso più vie. Una di queste vie può essere la contiguità accidentale di certi elementi che vengono visti come associabili; la storia della scienza ci offre parecchi esempi di questo tipo, tanto che è divenuto comune definire col termine *"serendipity"* questa combinazione casuale, ma felice, di elementi diversi. Un'altra via è quella della somiglianza, nella quale si riesce a cogliere, appunto, una somiglianza tra stimoli o risposte apparentemente differenti. La via che più rappresenta il processo creativo è quella della mediazione, che conduce ad associare elementi notevolmente distanti tra di loro attraverso una serie di passaggi intermedi favoriti dagli elementi comuni presenti in ciascuno di essi. Secondo gli associazionisti è in tale attivazione di processi associativi che si trova la radice della creatività.

Per Mednick (1962) il potenziale creativo presente in ogni persona tende a differenziarsi in base alla quantità di informazioni possedute ed in base alla gerarchia associativa. La modalità di movimento all'interno della gerarchia associativa fa sì che alcuni soggetti tendano a muoversi con più facilità verso le associazioni più prossime evocate da un certo stimolo, ed altri, al contrario, verso quelle più remote. Ciascun individuo può quindi avere una gerarchia associazionale ripida o piatta. Nella capacità di sapersi muovere lungo le diramazioni delle associazioni più remote della gerarchia associazionale, si troverebbe l'origine della creatività.

Il fatto che nel processo creativo giochino un ruolo attivo anche le associazioni e che nella gerarchia delle associazioni stesse, vi siano differenze individuali che possono favorire la creatività, è un osservazione condivisa. Non altrettanto condivisibile dalla comunità scientifica è la riconducibilità di un fenomeno cosi complesso ad un solo processo cognitivo (Rubini, 1980).

CAPITOLO 2

LE PROSPETTIVE PSICODINAMICHE

2.1 Visione psicodinamica: un inquadramento teorico

Quasi tutte le interpretazioni psicodinamiche del processo creativo si collocano all'interno di uno schema descrittivo e funzionale che deriva dalle idee Freudiane e che fa riferimento sostanzialmente alla dimensione psichica inconscia.

Queste teorie psicoanalitiche si pongono talvolta come una specificazione e talvolta come una rettifica o una modifica della teoria Freudiana, tenendo sempre fermo il punto cruciale secondo il quale la chiave della comprensione del processo creativo sta nelle dinamiche inconsce del soggetto.

Volendo qui affrontare principalmente quegli autori che hanno individuato nel processo creativo una particolare interazione tra componenti consce, preconsce ed inconsce, mi limiterò ora ad illustrare solo le fondamenta del pensiero psicoanalitico classico circa la creatività, per poi lasciare più spazio agli autori che meglio rappresentano l'intento di questo testo.

Secondo la teoria psicoanalitica la vita inconscia costituisce una riserva individuale di cariche energetiche costantemente attive e differenti qualitativamente che prendono il nome di pulsioni, istinti o bisogni (Rubini, 1980)

Queste cariche energetiche libere, se raggiungono un livello di tensione eccessivo, cercano uno sfogo immediato nel comportamento manifesto.

Tali cariche energetiche, provenienti dall'Es, se portate ad uno sfogo immediato, risultano distruttive per l'Io in quanto esso non riuscirebbe a realizzare un'efficiente risposta adattiva alle pressanti richieste ambientali che svolgono un ruolo antagonista con l'inconscio (Rubini, 1980).

A fare da mediatori a queste pulsioni rischiose per l'integrità dell'Io intervengono dei meccanismi psicologici, detti *meccanismi di difesa*, che lavorano ai vari gradi di inconsapevolezza del soggetto in cui si attivano (Rubini, 1980)

La plasticità psicologica che risulta dalla mediazione equilibrata delle diverse esigenze sia dell'Io che dell'Es costituisce la normalità, mentre un eccesso di scariche primitive o, all'opposto, un eccesso di censura operata dai meccanismi di difesa porterebbero a vari gradi di patologia, in particolare alla nevrosi.

In questo quadro e relativamente al tema qui trattato, si sollevano interessanti quesiti riguardanti la creatività e il processo creativo, come: quali risorse psicologiche immette il soggetto in esso? Queste risorse sono controllate consciamente o hanno una diretta dipendenza dall'inconscio? Il soggetto creativo è più vicino a quello normale o a quello nevrotico? Che caratteristiche ha la persona creativa?

2.2 Freud: le dinamiche inconsce nel processo creativo

Secondo Freud (1915) le forze motivanti l'artista sono di carattere inconscio ed hanno la stessa intensità e connotazione di quelle che conducono altre persone alla nevrosi.

In *Introduzione alla psicanalisi* (1915), Freud afferma che l'artista è predisposto ad essere introverso e che gli basterebbe poco per diventare nevrotico: "insidiato da fortissimi bisogni pulsionali, vorrebbe conquistare amore, potenza, ricchezza... gli mancano però i mezzi per raggiungere queste soddisfazioni; perciò come qualsiasi altro insoddisfatto, egli si stacca dalla realtà e trasferisce tutto il suo interesse... sulle formazioni di desiderio della vita fantastica, dalle quali potrebbe esser condotto alla nevrosi" (Lezione XXIII, trad. it., p. 530). Da questa e da altre frasi simili di Freud, si evince che la creatività rappresenta una scarica di energie inconsce che sarebbero socialmente inaccettabili se espresse nella loro forma primaria, ma che troverebbero la possibilità di essere deviate e sfogate attraverso il comportamento fantastico dell'artista. Secondo Freud la persona creativa presenta una maggiore complessità psicologica, in quanto deve confrontarsi con intensi conflitti inconsci che una persona adattata controlla o rimuove per altre vie. In questo egli trova l'artista simile al nevrotico, con la differenza che quest'ultimo, tuttavia, viene completamente sopraffatto dalle cariche inconsce.

A tal proposito, in *Due principi regolatori della vita psichica* (1911), egli afferma che l'artista arriva, con una modalità tutta propria, alla conciliazione del principio del piacere e di quello della realtà, cosa che invece risulta assai problematica e nevrotizzante per tutti gli altri uomini. Nel saggio *Il poeta e la fantasia* (1907), chiedendosi da dove il poeta traesse la sua materia prima e come riuscisse ad elaborarla, Freud fa un'analogia con il gioco infantile ed afferma che come il bambino attraverso il gioco dà un nuovo assetto fantastico ad elementi della realtà investendoli di significati e valori affettivi, così il poeta, non potendo cambiare a suo piacimento la realtà, crea

un mondo di immagini che carica di forti valenze affettive. In questo l'attività fantastica assume la funzione di valvola di sfogo di tensioni inconsce che non trovano adeguata espressione.
Il poeta (l'artista) è come un bambino che gioca, manipolando le parole, immagini, note musicali o materiali. Così, come anche il sogno, l'arte è una correzione della realtà che ci lascia insoddisfatti.

In *Precisazioni sui due principi dell'accadere psichico* (1911) Freud scrive: "L'arte perviene [...] a una conciliazione dei due principi. L'artista è originariamente un uomo che si distacca dalla realtà giacché non riesce ad adattarsi alla rinuncia al soddisfacimento pulsionale che la realtà inizialmente esige e lascia che i suoi desideri di amore e di gloria si realizzino nella vita delle fantasie. Egli trova però la via per ritornare dal mondo della fantasia alla realtà, poiché grazie alle sue doti particolari trasfigura le sue fantasie in una nuova specie di "cose vere", che vengono fatte valere dagli uomini come preziose immagini riflesse la realtà" (p. 458).

Per Freud l'uomo felice non fantastica, la fantasia ha lo stesso significato dinamico del sogno che attraverso elaborate trasformazioni dà voce ai desideri rimossi e ricacciati nell'inconscio. Il processo creativo costituisce per Freud un'efficace rielaborazione di quel libero e disordinato fantasticare impregnato di primarietà inconscia che il soggetto creativo innesca per attenuare il disagio derivato dal conflitto inconscio attraverso la *sublimazione*.

La sublimazione altro non è che un meccanismo di difesa, rappresenta un modo per riorientare produttivamente le tensioni inconsce ricostruendo situazioni di equilibrio funzionale tra le diverse istanze psichiche.

Sempre nel saggio *Il poeta e la fantasia* (1907) riguardo al ruolo del fruitore dell'opera d'arte Freud afferma che l'opera è una sorta di medium con il quale la regressione verso le fantasie infantili si attua e si sospende al tempo stesso. Le fantasie dell'artista divengono così anche nostre e l'arte rappresenta allora quella zona intermedia tra la realtà e la fantasia soprattutto dei desideri inappagati. In questo modo l'arte diviene un oggetto culturale perché è legata alla comunicazione e al consenso fra gli uomini.

2.3 Interpretazioni psicodinamiche derivate da quelle freudiane

JUNG, C.G.: La visione di Jung (1912) si diversifica da quella di Freud essenzialmente in una direzione psico-antropologica: "In sostanza lo studioso di psicologia ha diretto, sino ad ora, il suo interesse verso l'analisi dei problemi psicologici individuali. Ma nello stato attuale delle cose, a me pare che si faccia sentire l'esigenza di ampliare l'analisi dei problemi individuali inglobandovi materiale storico" (*Simboli della trasformazione*, 1912).
Per Jung (1928) le modalità del pensare e dell'esperire dell'uomo si sono formate nel cervello attraverso le esperienze che si sono ripetute infinite volte nel passato dell'umanità. Le tracce dell'esperienza arcaica di questo nostro passato ancestrale sono rintracciabili nei miti e nelle leggende che proprio per questo hanno forti somiglianze in ogni tempo e in ogni luogo. "L'inconscio collettivo (...) ha nel suo complesso il significato di una specie di immagine del mondo senza tempo, in certo qual modo eterna, contrapposta alla momentanea immagine del mondo della nostra coscienza. Ciò significa, né più né meno che (esiste) un altro mondo, un mondo speculare, se così volete. Ma a differenza di una mera immagine speculare, l'immagine del mondo inconscia ha un suo particolare vigore, indipendente dalla coscienza, grazie alla quale può esplicare potenti azioni psichiche" (*La dinamica dell'inconscio*, 1928-1931, p. 403).
Da quanto detto sopra appare chiaro che esistano due visioni del mondo: una esprimibile attraverso il pensiero logico e una attraverso il fantasticare. L'origine della creatività sarebbe nella capacità del soggetto di liberarsi del pensiero logico e di lasciarsi cullare dalle onde della fantasia.
L'artista, quindi, non obbedirebbe ad un impulso individuale come nella visione freudiana, ma ad un impulso che nasce dagli "archetipi", cioè, dagli strati più antichi dello spirito umano che contengono forme universali di pensiero dotate di contenuti

affettivi. La creatività sarebbe collegata ad essi attraverso la capacità di pensare fantasticando. Ogni volta che l'archetipo appare nella fantasia porta con sé una forza con cui agisce, che è accompagnata dell'esperienza emotiva detta "*Numen*".

Gli archetipi sarebbero, secondo Jung, tendenze istintive che si manifestano nei loro simboli, che vanno a costituire il linguaggio dell'inconscio collettivo. Essi vengono infatti comunicati nei sogni ed espressi nell'arte, nei miti e nelle storie. Questi miti universali spiegano, guidano e condizionano il comportamento dell'uomo nel mondo, poiché gli archetipi danno luogo alla ripetizione di esperienze collettive (Jung, 1961). Se ne deduce che la creatività consiste nell'attingere dal passato, con l'aggiunta delle nostre conoscenze attuali che apportano delle modifiche e questo spiegherebbe l'evoluzione dell'essere umano (De Caroli, 1996). Nel filone Junghiano e rilevanti anche per il tema che importa qui, troviamo anche Erich Neumann e Aldo Carotenuto.

Per Neumann (1949) la creatività è una possibilità di incontro tra le strutture archetipiche (che spiegano l'universalità del messaggio dell'individuo creativo) e la capacità da parte dell'artista di trasformarsi. Nel processo creativo si fondono cioè la dimensione collettiva e quella individuale. Non si parla più di sublimazione delle pulsioni, poiché l'artista è colui che sa accettare e controllare una tensione a cui gli altri sfuggono: una tensione bipolare tra conscio e inconscio che lui accetta ed alimenta evitando che l'uno prevalga sull'altro. Tra i due poli opposti c'è una possibile soluzione: la trasformazione in una sintesi simbolica. Con la creatività si fondono e si trasformano sia la coscienza che l'inconscio, cioè si realizza quella realtà unitaria riconoscibile attraverso il simbolo. Per Neumann quindi il processo creativo costituisce il "luogo" per eccellenza nel quale si fondono e diventano percepibili la dimensione collettiva e individuale dell'uomo (De Caroli, 1996).

Carotenuto (1990) introduce invece un nuovo aspetto che lega la sofferenza alla crescita creativa e ci svela come la sofferenza psicologica possa farci pervenire a verità non raggiungibili con la normalità.

Il passaggio dalla sofferenza alla crescita creativa è possibile solo se l'individuo è in grado di dare forma alla sua sofferenza e di attribuire un senso alla sua disperazione, dando al dolore un'apertura verso la speranza, poiché la sofferenza senza significato sarebbe solo annullamento. Dalla sofferenza può emergere una persona non solo migliore, ma anche capace di vivere la duplice natura umana e divina attraverso la spinta creativa. Nella vita tutti soffriamo, ma solo al soggetto creativo riesce questo salto di qualità capace di trarre vantaggio da una situazione dolorosa che si configura come un ampliamento di prospettiva.

L'uomo creativo "sta in un equilibrio instabile tra caos e rigidità: non rimuove, non diviene preda della rigidità dell'Io, ma riesce a vivere, senza esserne dilaniato, la sofferenza" (Carotenuto, 1982 in De Caroli, 1996, p.69). Esso supera il suo tempo proponendo modelli che diventeranno poi canoni.

ADLER, A.: Un altro autore che pone in relazione la sofferenza con la creatività è Adler. Per Adler (1930) l'artista è tale perché è stato vittima nell'infanzia di sofferenze e difficoltà, di menomazioni sensoriali o fisiche che hanno concorso a sviluppare in lui un pervasivo senso di inferiorità. In questa accezione la creatività si configura come una reazione al sentimento di inferiorità e corrisponde allo sforzo che l'individuo mette in atto per compensare una "deficienza" reale o sentita come tale, perché gli venga riconosciuto il proprio valore e possa raggiungere un migliore adattamento. La tendenza alla compensazione è particolarmente importante negli individui che hanno qualche imperfezione, per esempio qualche deficit fisico e può diventare una forte tensione a distinguersi nei campi dove la loro difficoltà risultava limitante o in campi sostitutivi (nel primo caso, vedi Beethoven che aveva

problemi uditivi ed è diventato eccellente nel mondo della musica).
L'artista si troverebbe a lottare con ambizione contro una realtà che
gli va troppo stretta, per conquistare e donare qualcosa in più a sé
stesso e agli altri. I capolavori che escono da questa forza creativa
permetterebbero all'individuo di attribuire un senso alla propria vita.
Ne deriva che "gli artisti sono tali per la particolare forza di
reazione agli eventi che hanno vissuto come limitanti" (De Caroli,
1996).

KLEIN, M.: M. Klein (1948) partendo dalle posizioni schizo-
paranoide e depressiva interpreta quest'ultima come fonte di
creatività. L'Io infantile si trova davanti alla sua ambivalenza
affettiva e al compito di ricostruire l'oggetto buono, amato,
danneggiato e perduto sul piano fantasmatico, a causa degli impulsi
aggressivi del soggetto. Se lo sviluppo procede in maniera equilibrata
e con affetti positivi costanti da parte dei genitori, aumenta la fiducia
del bambino nelle proprie capacità di ricostruire e rigenerare
l'oggetto buono e gli risulta possibile compiere sempre più riusciti
tentativi di riparazione, in quanto viene accresciuta la fiducia nel
riconoscere la parte buona della realtà. Questo porta a superare le
ansie depressive e a meglio tollerare l'ambivalenza e l'alternanza tra
istinti aggressivi ed affetti positivi. La spinta a riparare l'oggetto si
attua in forme adeguate proprio attraverso la produzione creativa
(Rubini,1980). Viceversa, se il bambino ha poca fiducia nella propria
capacità di ricostruire l'oggetto, questo viene percepito come
irrimediabilmente perso e restano i sentimenti di colpa, di
abbandono, di persecuzione e quindi un'ansia generalizzata da cui si
può difendere solo ricorrendo a rigidi meccanismi di difesa: si
sviluppa così la nevrosi.
La creatività, intesa come produttività di tipo artistico, svolge un
importante ruolo sostitutivo dei meccanismi di difesa e dà inizio ad
una più equilibrata struttura di personalità. "La creatività
dell'artista fa largo uso dei simboli che, quanto più servono ad
esprimere i conflitti tra amore e odio, tra distruttività e riparazione,

tra istinto di vita e di morte, tanto più si approssimano ad una forma universale. Solo se nell'infanzia la formazione del simbolo è in grado di svilupparsi con tutta la sua forza ed in tutta la sua varietà e se non è ostacolata da inibizioni, allora l'artista adulto può fare uso delle forze emozionali che sono alla base del simbolismo… Se la formazione del simbolo è particolarmente abbondante, contribuisce allo sviluppo del talento e perfino del genio" (Klein, 1963 [1972], in De Caroli, 1996, p. 93).

M. Klein (1948) precisa che ciò che è tipico per l'artista è in misura minore e in modi diversi ritrovabile in tutti gli individui, infatti tutti i bambini ricorrerebbero al disegno e alla pittura con l'intento di restaurare ciò che prima è stato distrutto. Quindi, il fenomeno creativo non viene più visto come esclusivo, ma come un momento di crescita individuale e di sviluppo messo in atto per risolvere le complicate dinamiche dei primi anni di vita di ognuno.

Hanna Segal (1952), partendo dalle stesse concettualizzazioni, aggiunge che la messa in atto della ricostruzione interiore dipende dalla capacità di superare l'ansia situazionale, che il nevrotico inibisce con comportamenti difensivi sterili anziché trasformarla in arte. Una serie di casi clinici di artisti mancati o momentaneamente bloccati ci mostra che questi, come il nevrotico, usano il loro materiale a scopi difensivi. L'artista genuino, invece, è consapevole del suo mondo interiore e del materiale esterno con cui lavora e lo utilizza per esprimere le sue fantasie. "Condivide con il nevrotico tutte le difficoltà di una depressione non risolta…, ma da lui differisce in quanto ha maggiore capacità di sopportare l'ansia e la depressione" (Segal, 1952, in Rubini, 1980, p. 142). Nell'esprimere le sue fantasie e ansie depressive, infatti, egli compie un lavoro simile al lutto, ristabilendo dentro di sé un'armonia che si trasferisce nella sua creazione. Per la Segal la morte e la depressione sono elementi necessari per realizzare un'opera d'arte. L'artista distrugge e ricostruisce. Comunica al pubblico la sua posizione depressiva che viene sublimata e quindi espressa in simboli e nel frattempo costruisce l'opera comunicandogli il superamento della depressione e il distacco da essa. Il pubblico, che si identifica con entrambi i processi di distruzione e ricostruzione, riceve l'esperienza liberatoria dell'artista. Quest'ultimo si caratterizza per una maggiore presenza dell'istinto di vita e di creazione che gli permette di sopportare una maggiore quantità di rappresentazioni distruttive e dolorose e quindi di superare maggiormente l'istinto di morte.

Sempre tra i kleniani, per Janine Chasseguet-Smirgel (1971) l'atto creativo ha due funzioni: quella di riparare l'oggetto, ma anche quella di riparare il soggetto attraverso la sublimazione. Ovvero, ci sarebbero due tipi di atti creativi: quello che è volto a ricomporre l'oggetto distrutto dall'aggressività e che indirettamente ripara il proprio Io e quello che è spinto dal bisogno di ricostruire direttamente il proprio Io esposto all'intensità delle scariche pulsionali. La sublimazione trasforma la valenza degli impulsi e li utilizza in modo più diretto e adeguato consentendo questo secondo tipo di creatività. La Smirgel rileva dai suoi casi clinici che gli individui creativi presentano disturbi somatici che arrivano fino alla depersonalizzazione. L'Io di questi soggetti sarebbe maturato troppo precocemente, in seguito a frustrazioni e traumi psichici intensi che hanno interrotto troppo presto la fusione primaria con la madre. Con l'attività creativa questi soggetti colmano autonomamente le mancanze provocate da altri senza dipendere da interventi esterni (Chasseguet-Smirgel, 1971). Quindi, la spinta motivazionale alla creatività deriverebbe da bisogni narcisistici primari non soddisfatti.

WINNICOTT, D.W.: All'inizio della sua esistenza il bambino non è in grado di distinguere tra il Sé e il non Sé, pertanto il comportamento di chi si cura del bambino è parte integrante del bambino stesso. Il passaggio da questa fase di fusione e di dipendenza a quella di dipendenza e di scissione tra il Sé e il non Sé è reso possibile dall'atteggiamento della madre, dalla sua devozione e dalla sua capacità di adattarsi sensibilmente e delicatamente ai primi bisogni del bambino (De Caroli.1996).

Questa capacità rappresenta la via psicologicamente corretta per il bambino di entrare in un adeguato rapporto con la realtà esterna. L'emergere di quest'area esperienziale tra madre e bambino fa emergere una particolare relazione che è al tempo stesso reale e immaginaria e costituisce ciò che Winnicott chiama fenomeno transazionale. Tale fenomeno transazionale si concretizza poi in un oggetto transazionale che può essere identificato in un giocattolo, una coperta, un oggetto che non fa parte del proprio corpo, ma che non può ancora essere identificato come facente parte della realtà esterna. L'utilizzo di tale oggetto diviene d'importanza vitale nelle situazioni in cui appare necessaria una difesa dall'angoscia, ad esempio prima di prendere sonno; tale fenomeno tende gradualmente a scomparire con lo sviluppo e a ricomparire solo quando si presentano situazioni di minaccia. L'integrazione dell'Io, resa possibile da un soddisfacente rapporto tra madre e bambino nel fenomeno transazionale, rende possibile nel piccolo la formazione della capacità di provare il senso di colpa verso la madre e conseguentemente la riparazione. L'importanza della madre non si esaurisce qui, infatti, dopo aver contribuito alla formazione della fiducia nel bambino di poter creare ciò di cui necessita, provvede poi attraverso lo svezzamento a togliergli le illusioni; lo abitua cioè ad accettare il fatto che l'insorgere del suo desiderio e del suo bisogno non è condizione sufficiente alla creazione di ciò che lui desidera. La madre avvia pertanto sia il processo creativo sia quello della disillusione e dell'accettazione della realtà esterna. In realtà nessun essere umano, neppure adulto, completa definitivamente l'accettazione di realtà ed è per questo che secondo Winnicott la soluzione per l'adulto consiste nel continuare questo gioco attingendo all'arte, al vivere immaginativo e al lavoro creativo. La caratteristica del gioco è essere esperienza creativa sempre, indipendentemente dalle caratteristiche del gioco stesso. Un bambino che gioca lo fa in uno straordinario stato di isolamento difficile da abbandonare e da penetrare. Quest'area, che origina dalla fiducia della madre e si configura ora come gioco, è la condizione perché il bambino o l'adulto siano liberi di creare. L'oggetto transazionale è considerato da Winnicott come il precursore dell'eventuale investimento da parte dell'adulto in oggetti culturali di diverso tipo, comprese le opere d'arte. Il lavoro di Winnicott "*La creatività e le sue origini*" (1971) inizia con questa premessa: "Spero che il lettore accetterà un riferimento generale alla creatività senza permettere che la parola vada perduta e confusa con la creazione riuscita o acclamata, ma che la mantenga limitata al significato che si riferisce ad una sorta di colorazione dell'interno atteggiamento verso la realtà esterna" (p. 119). Quindi la creatività a cui fa riferimento Winnicott non riguarda affatto la produzione di cose o fenomeni acclamati come creativi, piuttosto, la capacità di atteggiarsi in modo creativo verso l'ambiente, "è l'appercezione creativa, più di ogni altra cosa, che fa sì l'individuo abbia l'impressione che la vita valga la pena di essere vissuta" (p.119). L'impulso creativo, che deve essere presente ogniqualvolta l'artista vuole creare qualcosa non è una sua caratteristica elettiva e peculiare; essa è presente in ogni individuo che si trovi a fare qualcosa deliberatamente. In quest'ottica il gioco infantile è inteso come un processo evolutivo di consolidamento del Sé. Il gioco è processo creativo che sostiene tutta la costruzione della personalità, in quanto la creatività permea tutte le dimensioni della mente. Gioco e creatività rappresentano l'espressione più viva dell'operosità del bambino in quanto attività spontanea e libera che lo mette in contatto con il mondo facendogli scoprire sé stesso. Contemporaneamente, attraverso la fantasia, il bambino crea una giunzione singolare tra la sua interiorità e il suo senso di realtà (Winnicott, 1971). Con il gioco il bambino si libera delle paure aprendosi al mondo del possibile e nell'atto stesso del gioco viene a formarsi un rapporto dinamico dal Sé alle cose e dalle cose al Sé. Il bambino intento a giocare si immerge totalmente in ciò che sta facendo ed effettua una temporanea regressione a servizio dell'Io che lo porta in un mondo in cui può creare; un mondo in cui le regole sono diverse da quelle del mondo degli adulti. Si tratta di un distacco dalla realtà volontario in cui ogni cosa può divenire ogni cosa, in cui ad esempio un bastone può divenire un cavallo. Il gioco è connaturato allo sviluppo in quanto insegna a immaginare, a pensare, a progettare, a costruire, è in qualche modo propedeutico alle funzioni superiori. In tutto questo l'adulto deve impegnarsi ad accompagnare il bambino prestando attenzione ai suoi bisogni e valorizzando le sue produzioni simboliche rinforzando l'atto stesso dell'attività simbolica più che il suo risultato. Il gioco rappresenta anche un mezzo per relazionarsi con aspetti del Sé che altrimenti non verrebbero alla luce, ciò è possibile grazie al gioco del "come se". Il gioco simbolico si configura quindi come prototipo dell'attività creativa, in quanto collegando la realtà interna a quella esterna, è trasformazione metaforica della realtà, è dimensione intermedia tra la realtà soggettiva e quella oggettiva. Non è possibile essere creativi senza gioco, né è possibile giocare senza essere creativi.

CAPITOLO 3

PROSPETTIVE INTERAZIONISTICHE TRA CONSCIO ED INCONSCIO

3.1 Funzioni consce e preconsce

Il modello classico psicoanalitico ha sollecitato tentativi di approfondimento che hanno preso in esame anche il pensiero produttivo tenendo conto anche delle qualità strutturali del prodotto artistico, dei suoi pregi formali, fino alla complessità tecnica dello stesso.

La nuova attenzione posta su tali questioni rese evidente che il processo che porta alla produzione artistica non poteva essere totalmente spiegato facendo riferimento esclusivamente al modello dinamico dei conflitti inconsci, ma avrebbe dovuto coinvolgere funzioni e capacità psicologiche anche di altra natura (Rubini, 1980). Gradualmente si è arrivati a considerare le attività della parte conscia del soggetto (l'Io), non solo nella loro relazione con la conflittualità primaria, ma attribuendogli anche una specifica autonomia.

L'Io, con le sue attività mnestiche, percettive e di pensiero, ha una sua indipendenza funzionale capace di operare sull'inconscio e sull'ambiente, regolando le modalità del loro reciproco impatto.

Gli analisti della psicologia dell'Io colgono gli elementi di continuità con il pensiero freudiano (Rubini, 1980) e nello specifico dell'attività artistica creativa affermano che non è l'inconscio che determina i contenuti e le modalità dello sviluppo immaginativo che sta dietro ad ogni atto creativo, ma è l'Io che conserva un particolare controllo sul processo primario. Questa è la tesi fondamentale di Kris (1952).

3.2 Kris: la regressione funzionale dell'io e l'ispirazione

Secondo Kris è possibile avere accesso al materiale inconscio in maniera controllata e senza esserne sopraffatti. Una delle qualità peculiari dell'artista sarebbe proprio la capacità di effettuare rapidi spostamenti delle funzioni dell'Io dal livello secondario a quello primario. Queste capacità, che fanno parte delle funzioni organizzative dell'Io, sono definite come capacità di autoregolazione della regressione all'inconscio e capacità di controllo del processo primario. Esse coinvolgono sia i livelli di attività dell'Io sia l'uso della sublimazione delle pulsioni (Rubini, 1980).
In quest'ottica la sublimazione perde il suo carattere di meccanismo di difesa e diviene una funzione autonoma dell'Io che si realizza con uno spostamento ad un livello psichico più primitivo e con una modificazione delle pulsioni capace di renderle disponibili ad usi nuovi, creativi e pienamente padroneggiati.

Kris: "In termini schematici si può dire che il processo di creazione artistica si compone di due fasi che possono essere distinte l'una dall'altra o fuse insieme, che possono alternarsi in una successione rapida o lenta o intrecciarsi tra loro in molti modi differenti. Definendole ispirazione ed elaborazione ci riferiamo a condizioni estreme: una di queste è caratterizzata dal senso di essere trascinato, dall'esperienza di rapimento, dalla convinzione che un agente esterno agisca attraverso il creatore; nell'altra prevalgono l'esperienza di una organizzazione deliberata e l'intento di risolvere un problema. La prima ha molti tratti in comune con i processi regressivi: emergono impulsi ed energie altrimenti celate.

L'esperienza soggettiva è quella di una corrente di pensiero che preme verso l'espressione" (Kris, 1952; trad. it., p.53). Questa fase è caratterizzata dalla facilità con cui vengono accolti gli impulsi dell'Es o loro stretti derivati. Si potrebbe dire che le energie di controinvestimento sono in una certa misura ritirate e vanno ad aggiungersi alla velocità , alla forza o alla intensità con cui si formano i pensieri preconsci" (Kris, 1952; trad. it. p.49). La seconda ha molti tratti in comune con l'elemento che caratterizza il "lavoro": dedizione e concentrazione" (Kris, 1952). "Nel corso della fase di elaborazione, la barriera dei controinvestimenti può essere rafforzata, il lavoro procede lentamente, gli investimenti sono rivolti verso altre funzioni dell'Io, come il confronto con la realtà, la formulazione e in generale il raggiungimento della comunicazione. Le due fasi si alternano, sia in modo rapido, per brusche oscillazioni, sia dopo lunghi intervalli di tempo" (Kris 1952; trad. it., p.49).

Quindi, ispirazione ed elaborazione sono processi che si concretizzano grazie alla capacità dell'Io di funzionare su due livelli: quello conscio e quello inconscio. L'Io realizza contatti con le risorse inconsce e ne fonde le cariche neutralizzate in usi consapevoli ed elaborati calibrati.
Kris ammette che nel processo creativo, tra le funzioni dell'Io, ci sarebbe quindi la capacità di ritirarsi in maniera volontaria e temporanea da un settore all'altro per raggiungere un controllo più efficace.
L'importanza assunta dalle componenti consce nell'uso dei derivati inconsci, fa cadere il parallelismo tra soggetto creativo e soggetto nevrotico, in quanto il presupposto principale per la creatività sta nella capacità dell'Io di aderire al processo primario mettendo quest'ultimo al proprio servizio, mentre la nevrosi comporta una sopraffazione del processo primario sull'Io (Rubini, 1980). L'artista, anche se nella fase di ispirazione ha bisogno di perdersi nei meandri della fantasia, ha una costante percezione della realtà e

anche una preoccupazione di adesione ad essa che gli è presente emblematicamente nell'immagine del pubblico al quale intende comunicare la sua opera (Rubini 1980). Il soggetto patologico, al contrario, è avulso ed indifferente al contesto sociale e la sua produzione è stereotipata ed incomprensibile agli altri; esprime nell'arte il bisogno di esorcizzare i propri conflitti inconsci al di là dell'interesse di comunicazione interpersonale: manca quindi il controllo dell'io (Rubini, 1980).

La creazione estetica, afferma Kris "è rivolta a un pubblico". Il fruitore dell'opera attivamente ne rintraccia i possibili significati simbolici e li arricchisce (Jaffè, 1961). Kris definisce "estetiche" quelle espressioni artistiche che comportano una "ri-creazione" da parte del pubblico dell'opera dell'artista, con possibilità di co-creazione. Questo perché un'opera d'arte di particolare valore ci mette direttamente in contatto con il nostro inconscio. All'artista è però richiesta anche la distanza psichica "estetica", cioè il disinteresse dal pensiero primario che alimenta la sua arte. Forma e contenuto latente devono mantenere la giusta distanza.
In alcune persone, tuttavia, i meccanismi di contatto tre la parte cosciente e quella inconscia possono risultare particolarmente pronunciati, sino a divenire eccessivamente pervasivi se non addirittura coattivi.
Essi, pertanto, anziché rappresentare una risorsa per l'individuo, diventano un limite all'attività intellettiva: il soggetto non riesce a volgere ad uno scopo tali meccanismi o non è in grado di rendere altri partecipi del suo ragionamento; in simili eventualità l'individuo rischia l'isolamento sociale e la mancanza di aderenza alla realtà (Cesa-Bianchi & Antonietti, 2003). Soffermandoci sul concetto di ispirazione, è da notare che l'utilizzo della parola stessa è duplice (Kris, 1952): comprende sia l'atto di inalare sia quello di soffiare dentro ed una delle migliori illustrazioni di ciò la si può trovare nella Genesi (11, 7): "il signore iddio formò l'uomo di fango dalla terra, e gli inspirò in faccia un soffio di vita; e

l'uomo fu fatto in anima vivente".

Cercando di passare da una spiegazione sull'ispirazione di tipo animistico ad una di tipo scientifico, Kris cerca di inquadrare gli stati di ispirazione: "si tratta di processi estremamente complessi, che possono essere descritti come fenomeni di regressione. Dal lato clinico questa regressione conduce probabilmente a un ritiro del controllo dell'Io su molte attività psichiche superiori…" (Kris, 1952; trad. it., p. 21).

"Un altro tratto caratteristico: negli stati d'ispirazione la parola diventa automatica. Non è il soggetto che parla, ma una voce che gli è esterna. Ciò che proclama questa voce che viene dall'ispirato non si conosce prima del sopravvenire dello stato d'ispirazione. È la voce del suo inconscio che l'ispirato partecipa agli altri, mentre egli stesso ne diventa ascoltatore" (Kris, 1952; trad. it., p.21).

L'artista può credere così che ciò che viene dall'interno venga da qualche forza ispiratrice esterna e nel momento in cui egli comunica il suo messaggio all'esterno viene visto come l'eletto che da voce, suoni o colori alla parola di Dio.

Quanto appena detto può essere spiegato secondo Kris come una variazione di investimenti all'interno dell'individuo, l'esplosione della frontiera tra conscio e inconscio viene vissuta come una intrusione dall'esterno.

Il passaggio di contenuti dall'inconscio alla coscienza viene esperito erroneamente dal soggetto come un atto in cui egli gioca un ruolo passivo. Da molte descrizioni autobiografiche, soprattutto di molti poeti e artisti, sappiamo che gli stati creativi sono contraddistinti da una particolare eccitazione. Questa può essere favorita da determinate condizioni o suscitata mediante opportuni stimoli, ma di regola non può essere controllata per intero. In questa situazione l'individuo può sentirsi più o meno esaltato o depresso, straordinariamente vitale o ammalato. L'atto creativo diventa estremamente facile, talvolta si compie molto velocemente e il soggetto ha l'impressione che il vero lavoro sia fatto da qualche collaboratore inosservato.

3.3 Kubie preconscio ed elaborazione creativa

Kubie vede il preconscio strettamente legato alla creatività che viene interpretata come il momento in cui l'espressione psicologica soggettiva utilizza in massimo grado le risorse preconsce utilizzando la loro caratteristica mobilità e fluidità in processi elaborativi nuovi ed originali (Rubini, 1980).

Il sistema preconscio è costituito da due tipi di contenuti: alcuni provengono dall'esterno del soggetto, come tracce di apprendimenti consapevoli che decadono dal centro della coscienza, altri sono invece di origine interna come sentimenti, emozioni, impressioni sfuggenti che sfuggono alla coscienza (Rubini 1980).

Quando nell'attività psichica prevale il preconscio si ha un'uscita dalla rigidità del processo primario o di quello secondario e ci si addentra in uno spazio che prevede il libero variare delle associazioni, dissociazioni, riunificazioni, separazioni del materiale immaginativo ed ideativo e ciò sta alla base della creatività.

I processi consci hanno un importante ruolo nella definizione delle caratteristiche formali e decisive del prodotto creativo, ma le radici della creatività si trovano più in profondità e il loro nutrimento dipende dalla libertà con cui le funzioni preconsce hanno modo di operare sfuggendo alle opposte forze attrattive esercitate su di loro dal conscio e dall'inconscio.

Anche per Kubie la creatività acquista una luce positiva e funzionale per il soggetto, con una connotazione di attività normale, che proviene da una condizione psicologica sana ed equilibrata (Rubini, 1980).

3.4 Arieti e il processo terziario

Arieti in *Creatività. La sintesi magica* (1976) distingue tra creatività ordinaria, capace di migliorare la vita del soggetto nella quotidianità rendendola più piena e soddisfacente e creatività straordinaria, quella che inventa nuovi paradigmi e migliora la vita di tutti contribuendo al progresso.

Qui, quello che interessa, è ciò che Arieti ha concettualizzato come creatività straordinaria, in quanto strettamente legata al processo creativo artistico.

Per Arieti (1976) l'individuo capace di produrre creatività straordinaria conserva una possibilità più grande della media di accesso alle immagini, alla metafora, alla verbalizzazione accentuata e ad altre forme connesse al processo primario che è inconscio o preconscio. Sia il sognatore che lo schizofrenico e l'individuo creativo condividono un accesso facilitato alla sfera primaria ma, mentre lo schizofrenico ci resta intrappolato e il sognatore perde le sue suggestioni notturne quando al risveglio si confronta col pensiero logico del giorno, l'individuo creativo seleziona, adotta e adatta materiali primari innescando il pensiero logico in un'unità funzionale integrata che appartiene al processo secondario.

La magia della sintesi creativa, cioè il processo terziario, chiede una dose superiore alla norma di passività ricettiva: quella che permette ai materiali primari di emergere improvvisamente, inaspettatamente, di getto, come in un lampo; come a volte avviene durante la meditazione, la contemplazione, il fantasticare, il rilassamento, l'assunzione di droghe, i sogni... ma chiede anche una dose superiore di attività intenzionale e consapevole per gestire quei materiali adeguatamente (Rubini, 1980).

È una magia, dice Arieti, di cui la persona creativa rimane la depositaria, un segreto che non può rivelare né a sé stesso né agli altri. Quello che non è più un segreto è il modo in cui il suo processo creativo si svolge, raggiunge la sua conclusione e le condizioni che facilitino la sua comparsa.

Si può affermare che per Arieti il processo creativo deriverebbe dall'incontro e dall'interazione tra i contenuti pulsionali del processo primario e la logica cosciente del processo secondario; questa interazione assumerebbe forme e caratteristiche talmente tipiche da giustificarne la sua definizione in termini di processo terziario (Rubini, 1980). Quindi, il processo creativo ed i prodotti artistici che ne derivano sarebbero riconducibili al processo terziario, il quale unifica funzionalmente il primario e il secondario in una sintesi magica.

La formazione psichiatrica di Arieti e la sua pratica professionale con i pazienti schizofrenici gli hanno consentito l'accesso ad una vasta gamma di prodotti ideativi primari provenienti direttamente dall'inconscio.

Nello schizofrenico ci sono degli elementi che compaiono con una certa regolarità: viene a mancare la differenziazione tra il livello del pensato e del desiderato con quello della realtà vera esterna al soggetto, quindi libere associazioni di immagini e pensieri vengono vissuti ed identificati come reali. Inoltre, nello stato di regressione schizofrenica i soggetti si abbandonano ad una quantità incontrollata di identificazioni con oggetti esterni o parti del proprio corpo e la semplice analogia o somiglianza parziale è sufficiente per affermare l'identità (Rubini, 1980).

Sulla base di queste regolarità si può riscontrare una paleologica del processo primario (Rubini, 1980).

Questa paleologica sarebbe presente anche nella creazione artistica e la creatività apparirebbe come un rafforzamento di processi paleologici compiuti sotto la vigilanza della logica secondaria.

"Mentre nell'uso paleologico del processo primario il soggetto non ha consapevolezza dei processi astrattivi (infatti in tali condizioni le capacità astrattive del soggetto sono danneggiate e si risolvono nella maggior parte dei casi in forme di pensiero concreto) nella creazione artistica, l'uso del processo primario non implica una eliminazione delle forme di pensiero astratto, anzi, tale forma di pensiero emerge proprio attraverso la mediazione del processo primario" (Arieti, 1966; trad. it., p. 2223). L'attività artistica comporta un grande uso di identificazioni metaforiche basate su somiglianze estetiche superficiali di realtà di per sé distinte, cosa che è possibile ritrovare anche nei soggetti in regressione schizofrenica, con la differenza che per questi l'identificazione metaforica coincide con l'identità stessa. Ad esempio: un soggetto schizofrenico dai capelli rossi con un'infezione ad un dito può arrivare a dire che quel dito è lui e che la parte arrossata, perché infetta è la sua "testa rotta", non intendendo così affermare che il dito è il simbolo della sua condizione, ma che è realmente sé stesso (Rubini, 1980).

La creatività per Arieti si fonda su meccanismi mentali arcaici appartenenti all'area primaria della psiche che si ripresentano fusi ai meccanismi del processo secondario in associazioni anche strane ed imprevedibili ma aperte ad interpretazioni logiche socialmente utilizzabili e valorizzabili.

Gli uomini d'arte, i musicisti, i pittori, i creativi, i poeti non sottopongono le loro scelte al vaglio critico della razionalità, ma permettono all'energia psichica di fluire liberamente. In questo modo sono in grado di creare un nuovo rapporto d'azione con il mondo esterno attraverso la "sintesi magica" di cui parla Silvano Arieti (1979).

3.5 I culturalisti e gli umanisti

I CULTURALISTI: I culturalisti sono un gruppo di psicoanalisti con influenze antropologiche e sociologiche (De Caroli, 1996) che danno spiccata importanza alla dimensione sociale nello sviluppo della personalità.
Tra loro, Erich Fromm (1959) sostiene che la personalità dell'individuo è determinata dalle pressioni culturali e si forma in risposta alla società in cui vive. Gli impulsi creativi sarebbero espressioni del bisogno dell'uomo di andare oltre la sua natura animale, elevando sé stesso al di sopra della passività e della casualità della sua esistenza, diventando creatore nel regno della libertà. La società dovrebbe soddisfare questo bisogno e far sì che l'uomo riesca ad esprimere fino in fondo tutte le sue potenzialità. Poiché nessuna società è riuscita in questo, Fromm afferma che essa può esistere sotto forma di "socialismo comunitario umanistico", sottolineando la funzione positiva della coscienza "umanistica" nell'uomo, cioè della consapevolezza di agire secondo le proprie potenzialità umane. Per Fromm (1959) la creatività è la capacità di "vedere" o di "essere consapevoli" e di "rispondere". La maggior parte degli uomini non si rende coscientemente conto di nulla e non risponde a nulla, ma nessuno può creare un'opera pittorica valida se prima non è totalmente consapevole e sensibile a quel particolare oggetto da dipingere. In ogni tipo di lavoro creativo l'artista e l'oggetto diventano un'unica cosa poiché l'uomo si unisce col mondo. Fromm, per indicare l'attività creativa, usa il termine "produttività"; un'attività dell'Io libera e spontanea che può operare nelle proprie esperienze emotive, intellettuali e sensuali e anche nella propria volontà. La produttività non è per Fromm una dote particolare, ma un atteggiamento di cui tutti possono essere capaci. Si tratta di un modo di vivere e sperimentare l'esistenza, non riproducendo, ma generando. Una persona può sentire, vedere e pensare produttivamente senza avere la capacità per creare

qualcosa di visibile e comunicabile. Per Fromm, creativo è l'uomo aperto alle esperienze, capace di "vedere" la realtà, di esserne consapevole e di intervenire attivamente in essa. Questa consapevolezza integrale si manifesta quando "si stabilisce un rapporto completo, nel quale quello che vede e quello che è visto, l'osservatore e l'osservato, diventano uno solo, pur rimanendo al tempo stesso due" (Fromm, 1971, p.71).

Per ottenere questo risultato vi sarebbero cinque condizioni necessarie: la capacità di essere perplessi, la capacità di concentrazione, l'esperienza dell'Io (ovvero di sé stessi), la capacità di accettare il conflitto e le polarità, invece di evitarli ed infine la disposizione a nascere ogni giorno.

1) La capacità di essere perplessi: tipica dei bambini, consiste nel sapersi meravigliare e sorprendere per ciò che è nuovo nella misura in cui lo guardiamo con occhi nuovi ed è condizione necessaria per qualsiasi tipo di atto creativo.

2) La capacità di concentrazione: consiste nel far diventare ciò che stiamo facendo in un dato momento la cosa più importante della nostra vita. La maggior parte degli uomini vive nel passato o nel futuro, ma si è consapevoli in maniera autentica e si risponde in modo autentico solo nel momento presente.

3) L'esperienza dell'Io, ovvero del Sé: il soggetto sperimenta sé stesso come autentico generatore dei propri atti. Ciò sta alla base dell'originalità. Per avvertire il senso autentico dell'Io l'uomo deve essere in grado di evadere dalla propria persona e di sperimentarsi nel processo creativo in cui perde sé stesso per sentirsi un tutt'uno con il mondo intero.

4) La capacità di affrontare il conflitto e le polarità senza evitarli: secondo Fromm il conflitto non è dannoso, ma rappresenta un potenziale momento di sviluppo per la forza e il carattere. Una condizione della creatività è essere consapevoli dei conflitti e sperimentarli fino in fondo sia a livello intellettuale che a livello emotivo. È anche importante saper accettare le polarità presenti su

più livelli, per esempio a livello individuale nel temperamento e a livello sociale fra i due sessi o tra razze diverse. La creatività si può sviluppare solo con la vera uguaglianza.

5) La disposizione a nascere ogni giorno: significa avere e coltivare coraggio e fede. Coraggio di rinunciare a tutte le certezze e illusioni, coraggio ad essere diversi, a sopportare l'isolamento, coraggio di preoccuparsi solo della verità nel pensiero e nei propri sentimenti. Questa audacia è possibile solo se si basa sulla fede, intesa come capacità di credere nella propria esperienza sia nel pensiero che nel sentimento. Fromm espande il concetto della creatività ed arriva ad affermare che educare alla creatività equivale ad educare alla vita.

GLI UMANISTI: Rientrano in questa corrente di pensiero quegli psicoanalisti che vedono l'atto creativo come il risultato di un impulso rivolto all'autorealizzazione dell'artista (De Caroli, 1996). Secondo Rogers (1954), uno dei più noti esponenti dell'umanesimo, la motivazione principale che porta l'uomo all'atto creativo è la sua tendenza a realizzare sé stesso dando spazio alle proprie potenzialità, spinto dal bisogno di svilupparsi, di maturare, di esprimere e rendere attive tutte le sue capacità fino a valorizzare l'Io. Questa propensione esiste in tutti gli individui, ma può rimanere sepolta nel profondo sotto molti strati di difese psicologiche e aspetta solo le condizioni adatte per essere liberata e per esprimersi. Per Rogers anche le creazioni e le scoperte che poi si sono dimostrate di grande valore sociale sono state motivate da scopi che riguardano più gli interessi personali che i valori sociali. Ciò significa che l'individuo crea prima di tutto perché la creazione lo soddisfa a livello personale e perché in questo modo sente di realizzare sé stesso.

Alla base della creatività costruttiva (e non distruttiva) in senso personale e sociale ci sarebbero secondo Rogers (1959) alcune condizioni interiori: l'apertura all'esperienza, un centro di valutazione interiore e la capacità di giocare con i concetti e gli elementi.

1) Essere aperti all'esperienza: intesa come la capacità di percepire gli stimoli interiori ed esteriori liberamente, senza che alcun meccanismo di difesa intervenga ad alterarli; presuppone una completa apertura della coscienza a quello che esiste in un dato momento. Secondo Rogers, quanto più una persona dispone di una coscienza sensibile a tutte le fasi dell'esperienza, tanto più la sua creatività sarà costruttiva a livello personale e sociale.

2) Il centro di valutazione interiore: è l'artista stesso a valutare il proprio prodotto e non l'opinione degli altri. La sua creazione è soddisfacente se esprime una parte di sé, il suo sentimento e il suo pensiero, la sua sofferenza e la sua estasi e se sente ciò che crea come una realizzazione delle sue potenzialità.

3) La capacità di giocare con gli elementi e i concetti: il saper giocare ed esplorare spontaneamente le associazioni e le trasformazioni prodotte manipolando le idee, i colori, le forme e la flessibilità di saper formulare ipotesi anche assurde, portano alla nascita di una visione significativa e nuova della vita. Fra tante possibilità l'individuo sceglie quella che risponde meglio a un bisogno interiore o che si adatta meglio all'ambiente. In tutti i prodotti della creatività è implicata la selettività, la disciplina e il tentativo di arrivare all'essenza. Per esempio, il musicista sceglie le note e le tonalità che danno unità alla sua espressione, quelle che meglio rappresentano il suo vissuto interiore intellettivo ed emotivo. Tra le esperienze che si accompagnano alla creatività c'è "la sensazione dell'isolamento", in quanto l'individuo si sente solo ad entrare in un territorio inesplorato e pensa di essere forse pazzo, anormale o di sbagliare. Un'altra sensazione che ha l'individuo è "il desiderio di comunicare", di condividere la propria creazione, che è l'unico modo che gli permette di calmare l'angoscia dell'isolamento e di convincersi di appartenere al gruppo. Anche se nasconderà in un cassetto, in un armadio o in un diario le sue opere, egli desidera comunque comunicare con qualcuno che lo capisca, anche se lo deve solo immaginare. Non crea con il fine di comunicare, in

quanto la spinta a creare è data dalla sua motivazione all'autorealizzazione, ma dopo aver creato desidera condividere con qualcuno questa sua nuova espressione.

Anche Maslow (1962) teorizza una creatività dell'autorealizzazione che si concretizza nel realizzare sé stessi più che nella realizzazione di un prodotto e concepisce il processo creativo come un'esperienza al vertice che ci vede integralmente coinvolti in ciò che stiamo facendo trovando una risposta a bisogni intrinseci e facendoci sentire pienamente adeguati rispetto al compito; un'esperienza caratterizzata dalla "perdita completa, benché transitoria, del timore, dell'angoscia, dell'inibizione della difesa e del controllo, l'abbandono del rinnegamento, dell'indugio, della costrizione" (p.119). In questo senso, "la creatività è una caratteristica insita nella natura umana, una potenzialità che tutti, o quasi, gli esseri umani possiedono dalla nascita e che nella maggior parte dei casi si smarrisce, o resta seppellita, o viene inibita a mano a mano che l'uomo si lascia assimilare nella civiltà" (p.115). L'esperienza al vertice, descritta sopra da Maslow, si può collegare a mio parere a ciò che Csikszentmihalyi (1986) ha chiamato "esperienza di flusso", secondo la quale l'esperienza creativa si manifesta quando le intenzioni di un individuo non sono in conflitto tra loro e quando una persona è libera di investire la sua energia psichica verso scopi congruenti con il resto delle intenzioni. "Ogni esperienza conscia si trova lungo una linea continua che va dalla uniformità monotona, da un lato, alla diversità piacevole al centro, ed infine, al caos ansiogeno all'estremo. È nelle zone piacevoli intermedie di esperienza che l'attenzione di una persona è pienamente effettiva. Questo stato ottimale di coinvolgimento con l'esperienza, o flusso, è in contrasto con gli estremi della noia e dell'ansietà, che possono essere considerati come stati di attenzione alienata" (p.156). La teoria dell'esperienza di flusso di Csikszentmihalyi (1986) è stata applicata all'ambito delle attività sportive e creative. L'esperienza di flusso presuppone uno stato di motivazione intrinseca combinata con una buona padronanza dell'attività che si sta svolgendo e si accompagna all'assorbimento totale nell'attività in atto. Tale assorbimento si configura talmente pervasivo da far ritirare l'attenzione dagli stimoli al di fuori del contesto creativo al punto che il soggetto arriva a perdere la cognizione del tempo. Si assiste così ad una fusione tra azione e coscienza in un'unità funzionale coordinata ed efficiente.

3.6 Insight come processo secondario arricchito dal processo primario

Noy in *Insight and creativity* (1978) afferma che un aspetto fondamentale del processo creativo sta nella capacità di trascendere la cornice rigida e tutta orientata verso la realtà che solitamente inquadra l'intelletto e di trasformarla in un apparato flessibile ben adatto per confrontarsi con il Sé e i suoi bisogni, le sue difese e la sua naturale tendenza a esprimersi verso l'esterno e a stare in contatto con gli oggetti.
Noy (1978) prende le quattro caratteristiche organizzative più importanti dell'intelletto: categorizzazione, astrazione, contesto, associazione ed esamina quali sono i modi in cui la mente creativa riesce a superare i limiti dell'intelletto e ad ampliarne l'orizzonte permettendogli in tal modo di entrare in contatto con la sfera emozionale ed esperienziale. "Categorizzazione": la mente creativa ha la capacità di sfuggire dalla gabbia impostale dalle inflessibili modalità di categorizzazione dell'intelletto e del linguaggio e di creare categorie nuove e originali. Queste possono assumere la forma di nuove Gestalt per l'organizzazione di nuove forme visive nel caso della pittura, o di nuove strutture per la disposizione delle tonalità nella musica, o di nuove forme di espressione verbale nella poesia.
Un'indagine più attenta delle nuove categorie create rivelerà che esse, in realtà, non sono state create dal nulla, ma sono quasi sempre la combinazione di due o più categorie già esistenti.

Ciò che caratterizza l'artista o lo scienziato nel processo creativo è la sua immaginazione, originalità e ingegnosità nello scoprire la modalità singola più convincente di combinare insieme più categorie in uno schema nuovo e unificato (Noy, 1967).

"Astrazione": nella mente creativa si trova anche una predisposizione a pensare per immagini concrete: visive, uditive, tattili, etc. (Noy, 1978). Noy crede che questa tendenza derivi da una difficoltà a sostituire le modalità impiegate nella comunicazione preverbale con lo strumento vocale-uditivo, che nello sviluppo normale deve diventare la modalità predominante di rappresentazione dei contenuti di pensiero.

Nel tentativo di superare le difficoltà che una tale "fissazione" può provocare nella capacità di gestire i concetti astratti, questi soggetti finiscono per sviluppare una capacità speciale di tradurre anche i concetti e le idee più astratte in immagini concrete.

"Contesto": la possibilità di spostarsi elasticamente da un contesto all'altro è una caratteristica tipica della mente creativa.

"Pensiero nuovo significa che una serie di informazioni già immagazzinate devono essere utilizzate in forma nuova o con nuove connessioni…Una teoria appresa in un certo contesto deve essere estrapolata da questo contesto in cui è stata appresa per essere impiegata in un contesto differente"(Guilford, 1976, p. 100).

La capacità di riorganizzare le informazioni, le esperienze e le conoscenze già stabilite in modelli nuovi è un requisito fondamentale per il verificarsi dell'insight.

"Associazione": le associazioni sono una sorta di anello di congiunzione che collega gli elementi l'uno all'altro.

Per Noy (1967) le associazioni che danno luogo al pensiero logico possono essere formulate seguendo tre regole:

1) Il pensiero logico procede sempre in una forma lineare lungo un singolo corso di associazioni. Le linee divergenti vengono tagliate.

2) Ogni parola può dare luogo a due tipi di associazioni, primarie e secondarie. Quelle primarie sono basate sulle qualità formali delle parole: la forma, il suono, la dimensione. Quelle secondarie invece

sono basate sul significato connotativo delle parole.

3) Tra le possibili associazioni secondarie vengono impiegate solo quelle che si adattano alla cornice del contesto.

È intrinseco nella natura della modalità creativa di pensiero il fatto che essa non rispetti nessuna delle tre regole dell'associazione che contraddistingue il pensiero logico. Proviamo ora ad esaminare in che modo la modalità creativa di conduzione delle associazioni si comporta rispetto a queste tre regole (Noy, 1967).

a) L'artista creativo cerca sempre di comunicare la propria opera attraverso una serie molteplice di linee associative parallele e concomitanti. Una delle differenze strutturali tra l'arte e il linguaggio verbale sta proprio nel modo in cui ciascuno di essi forma le proprie linee associative. Mentre il linguaggio confina sempre le sue sequenze associative ad una linea singola e comunicabile in modo chiaro mediante l'espressione di una parola dietro l'altra, l'arte, di regola, organizza i propri elementi attraverso numerose linee parallele o intersecanti, creando così una vasta rete di associazioni. Ciò porta l'arte a comunicare su più piani, parlando con più voci simultaneamente (Noy, 1978).

La capacità di esprimere significati diversi in uno stesso momento fa dell'arte la sola forma di comunicazione che riesce a compiere ciò che l'intelletto non è invece mai in grado di raggiungere, cioè, riesce a rivolgersi direttamente alle emozioni le quali "parlano" sempre a più voci.

Possiamo amare e odiare, desiderare e disprezzare, sentirci felici e tristi, il tutto in uno stesso momento. Perciò, soltanto quel tipo di comunicazione che riuscirà ad esprimere simultaneamente più messaggi differenti avrà la capacità di abbracciare l'intera gamma delle emozioni e di essere impiegata come mezzo per esprimerle.

"Il potere reale della musica sta nel fatto che essa può essere vera per la vita dei sentimenti in un modo che al linguaggio non riesce invece di raggiungere; infatti le sue forme significanti hanno un ambivalenza di contenuto che le parole non hanno... La possibilità di esprimere certe cose opposte in uno stesso momento permette alla musica ai livelli massimamente complessi di espressività" (Langer, 1942, p. 243).

Questa qualità di essere vera per i sentimenti è una caratteristica che vale non solo per la musica ma per tutte le forme d'arte.

b) L'artista creativo che compone una particolare struttura usa tutte le modalità di associazione che ha a sua disposizione, sia le primarie che le secondarie. Egli collega questi elementi in tutte le forme possibili, in parte sfruttando il loro significato secondario, in parte le loro qualità primarie.

c) L'artista, anche quando usa solo le associazioni secondarie, non si limita mai alle associazioni orientate verso uno scopo, cioè a quelle subordinate al contesto. Al contrario, uno dei modi in cui l'artista sfugge alla cornice del contesto consiste nella sua capacità di scegliere associazioni che risultino aliene rispetto alla situazione stessa, producendo così una virata che consente all'attenzione di liberarsi della fissità del contesto e di vagare senza più vincoli da una cornice all'altra.

Per Noy (1967) la creatività e l'insight sono le funzioni più sublimi della mente umana poiché consentono alla mente di ascendere verso i livelli massimi di comprensione del Sé e della realtà esterna.

Né la creatività né l'insight possono mai essere raggiunti ricorrendo solamente al processo primario, centrato verso il Sé, o solamente al processo secondario, centrato verso la realtà, ma si possono ottenere solo grazie a un tipo di cognizione basato su una sintesi delle modalità operative di entrambi questi processi.

La concezione di Noy è che il processo primario possieda una sua capacità logica e organizzativa interiore che quando viene sovraimposta alle capacità del processo secondario contribuisce ad aumentare il livello delle acquisizioni a cui l'intelletto può giungere.

3.7 Insight e psicanalisi

L'intento di questo paragrafo è quello di portare l'attenzione sull'importanza dell'insight nella teoria e nella terapia psicoanalitica.

Il processo psicoanalitico calssico può essere distinto dalle psicoterapie proprio perché è un processo che si basa sulle libere associazioni e soprattutto sull'interpretazione che conduce all'insight (Blum, 1979). Nella psicoanalisi classica, ma anche in psicoterapia, è possibile assistere a due forme di insight: una riguardante il paziente e una riguardante l'analista. Questi processi non sono quasi mai sincroni o simmetrici, ma devono procedere entrambi per favorire il processo terapeutico/analitico; ora mi concentrerò sull'insight nel paziente.

Il percorso analitico progredisce parallelamente man mano che il paziente acquisisce livelli sempre crescenti di insight sui conflitti patogeni inconsci della sua infanzia e sui loro derivati successivi.

Kris (1952) ha notato che per il sorgere dell'insight sono necessari cambiamenti dinamici profondi e che per riuscire a mettere a frutto questi stessi cambiamenti, maturati nel processo psicoanalitico, serve l'insight. L'insight si configura così come scopo principale dell'analisi ottenuto attraverso l'interpretazione nella psicanalisi classica e attraverso la consapevolezza data dall'esperienza nella psicoterapia. Esso non è limitato all'espressione verbale ma può essere comunicato anche sotto altre vesti come accade nel gioco o nell'arte. Per acquisirlo e svilupparlo si utilizzano funzioni dell'Io sia consce che preconsce, ma nell'insight analitico tutto il processo viene poi cristallizzato e organizzato in una creazione cosciente (Blum, 1979). L'insight porta ad una reintegrazione ed evoluzione dell'Io attraverso un'evoluzione cognitiva che è sempre associata ad un arricchimento della vita interiore e porta con sé un cambiamento intrapsichico adattivo. Esso è strettamente connesso alla creatività, infatti nel processo analitico si producono volontariamente sia regressione che reintegrazione e i nuovi insight hanno con sé elementi creativi e originali. Insight e creatività si configurano come complementari in quanto la mancanza del primo minaccia la seconda e la flessibilità dell'Io.

Per il raggiungimento dell'insight in psicanalisi serve dunque che l'Io sia in grado si riacquistare la sua piena supremazia e che nel processo di regressione temporanea controllata venga ampliata la funzione di osservazione del Sé. In questo modo una parte dell'Io si contrappone all'altra scrutandone caratteristiche e funzionamento. L'autosservazione che ne deriva è caratterizzata dal distacco e dalla capacità dell'individuo di conseguire oggettività circa sé stesso (Kris, 1975).

Il ruolo dell'insight si fa maggiormente rilevante col progredire del processo psicanalitico e durante i primi stadi ha un posto più limitato che durante gli stadi successivi, infatti, solo gradualmente il paziente diviene capace di scorgere le varie parti del suo sé inconscio e le connessioni esistenti tra esse.

Un altro aspetto importante è il grado in cui l'insight raggiunge la consapevolezza. L'interpretazione nel corso del lavoro psicanalitico non porta necessariamente all'insight; gran parte del percorso si svolge nell'oscurità, con lampi di insight qua e là a rischiarare il cammino.

Può essere che si riesca stabilire un nesso, ma prima che l'insight raggiunga la consapevolezza, o prima che possa mantenerla per più di labili istanti, possono emergere nuove aree di conflitto, nuovo materiale e il processo va avanti (Kris, 1956).

Freud (1938) ha sottolineato le funzioni educative che l'analista deve svolgere mentre porta i processi mentali dell'Io del paziente ad un livello di normalità. Questo è fattibile restituendo ciò che era stato rimosso al possesso dell'Io e Freud ha individuato proprio in questa restituzione di materiale dall'inconscio al conscio il fine terapeutico del lavoro psicoanalitico. Tuttavia, nonostante questa restituzione, la psicoanalisi talvolta ha un effetto terapeutico limitato (Neubauer, 1979). Per poter spiegare e superare questo limitate terapeutico, può essere utile illustrare il pensiero di Nunberg.

Nunberg (1937) allarga il significato del termine "inconscio" ed afferma che "...esso non si limita a voler dire che le idee o le emozioni sono svanite dalla coscienza; esso può anche più semplicemente significare che i collegamenti tra elementi che in precedenza erano appartenevano a uno stesso insieme sono stati recisi e che questi elementi rimangono adesso isolati nella mente…" (p. 161). Questi assunti hanno portato Nunberg a concettualizzare che per un miglior effetto terapeutico non sarà sufficiente permettere all'Io di prendere possesso di contenuti dell'Es; l'Io deve anche avviare un lavoro di riunificazione di collegamenti che si esplicita nella sua funzione sintetica. L'insight dipende allora dalla funzione sintetica dell'Io che ricollega assieme queste varie parti isolate assimilandole all'interno dell'Io stesso.

Dopo un'analisi, l'insight, inteso come ricordo cosciente dei contenuti ideativi autobiografici o emozionali emersi durante il percorso analitico può anche non essere conservato. A essere conservato nella coscienza non è ciò che è stato recuperato, ma piuttosto una nuova Gestalt: una nuova struttura e una nuova funzione dell'Io riorganizzata.

CAPITOLO 4

LA PERSONA CREATIVA

4.1 Profilo psicologico della persona creativa

Le tecniche di studio della personalità creativa sono in gran parte derivate dagli strumenti psicodiagnostici di cui la psicologia si serve per individuare l'insorgenza di disturbi mentali e comprendono: l'anamnesi, i test proiettivi, il colloquio clinico, gli inventari di personalità e l'osservazione sistematica di persone potenzialmente creative (Rubini 1980). Le prime ricerche erano essenzialmente basate sull'eccezionalità della persona creativa e sulle vistose differenze rispetto alla normalità, anche perché si tendeva a relegare la figura dell'artista ai soli campi delle letteratura, della scienza o della pittura.
Per Rogers (1954) la persona creativa è caratterizzata dall'apertura all'esperienza, dalla sicurezza interiore e dalla capacità di giocare con i concetti. Il creativo tollera di buon grado l'ambiguità e si muove con piacere interiore in territori sfumati che gli permettono di non cristallizzarsi in posizioni nette e chiaramente definite. Anche per Rogers, quindi, torna il tema del gioco affrontato precedentemente da Freud; la personalità creative può giocare con le idee, i colori, le forme e le immagini mentali formulando anche ipotesi assurde.
Questa attività immaginativa avviene spesso nell'isolamento e nella

riservatezza contraddistinta dalla solitudine, ma mantenendo sempre come scopo ultimo quello di comunicare agli altri il risultato del proprio lavoro. Anche per Bruner (1962) la persona creativa è contraddistinta da un impegnato distacco: la persona creativa è distaccata dalle situazioni e respinge quanto di ovvio e usuale in esse vi sia ma è al contempo impegnata a capire i problemi, a padroneggiare le tecniche e a rinnovare i significati.

Il musicista, il matematico, lo scienziato, spinti dalla propria passione, raggiungono il distacco dalla realtà convenzionale proprio in funzione del loro impegno a costruire qualcosa di nuovo che la sostituisca.

Bruner assume un elevato dinamismo delle componenti psicologiche della persona creativa che raggiunge livelli di intensità maggiori rispetto alla normalità, i quali non portano però alla disarmonia o all'insano.

Cattel ha cercato di dare un fondamento statistico a queste indicazioni (Cattel & Drevdahl, 1965) sottoponendo un suo inventario di personalità a scienziati, artisti e scrittori. I profili ottenuti rivelano una certa omogeneità nei risultati fra le tre categorie e al contempo mostrano una notevole differenza rispetto ai risultati ottenuti nella media della popolazione. Cattel individua come tratto cardine dell'estrinsecazione e modulazione del processo creativo il tratto bipolare introversione–estroversione; esso è dettato dalla necessaria contemplazione, introspezione e riservatezza del carattere immerso nel fantasticare e dall'altrettanto necessaria tendenza all'ostentazione, fondamentale per il riconoscimento sociale (Gennaro & Bucolo, 2006).

"I creativi sono quelli che costituzionalmente sarebbero estroversi, ma che sono stati resi in qualche modo introversi da pesanti pressioni culturali e da un addestramento all'inibizione come valore che aumenta la profondità del pensiero (…) l'adattamento introversivo favorisce una concentrazione intensiva per la produzione originale (…) in ogni caso, la creatività deve venire dall'individuo ma è compito della società produrre il clima in cui introversione e riservatezza siano stili di vita vivibili (Cattel, 1971, pp. 415- 417).

Sulla scia di Cattel sono stati fatti altri studi con un rigore scientifico ancora più stretto e i risultati delle ricerche effettuate trovano coerenza nel delineare alcune caratteristiche peculiari della persona creativa (Rubini1980). Caratterizzante il soggetto creativo sono l'accentuata intensità e ricchezza qualitativa delle risorse psicologiche e una loro funzionale integrazione in strutture comportamentali efficienti, adattive e spiccatamente flessibili. Emozionalmente è instabile, ricco di sentimenti e affetti, autocritico, scarsamente inibito, tendenzialmente introverso e con scarsi interessi alla relazione interpersonale; presenta una sensibilità comunemente definite femminile, non si soddisfa facilmente, è anticonvenzionale e anticonformista, presenta una vasta gamma di interessi ed è versatile, è motivato al successo, dominante e autosufficiente, ha una persistenza nelle motivazioni che gli rende possibile servirsi costruttivamente della propria complessità psicologica in modi adattati socialmente ed è in grado di esercitare una notevole influenza sugli altri. Anche gli studi effettuati da Maslow all'interno della corrente umanistica hanno dato un grande contributo alla comprensione della personalità creativa. Dagli studi di Maslow (1959) emerge che chi è creativo a realizzare sé stesso tende ad esprimersi senza aver paura del giudizio altrui, è più spontaneo ed espressivo della media e meno controllato e inibito nel comportamento. Questa creatività è simile a quella di tutti i bambini felici e sicuri, è spontanea, innocente e facile. L'uomo che realizza sé stesso non ha paura dell'ignoto, del misterioso e dello sconvolgente, anzi spesso ne è attratto e cerca di capirlo, di rifletterci e di lasciarsi coinvolgere. Egli non si attacca a ciò che è familiare e la sua ricerca della verità non è un bisogno di certezza, di sicurezza, di precisione e di ordine, anzi, quando la situazione lo richiede, può essere disordinato, caotico, incerto o impreciso. L'incertezza, il dubbio e la conseguenza di lasciare in sospeso le decisioni, che per la maggior parte delle persone è frustrante, possono costituire per la persona autorealizzante una sfida stimolante e un momento esaltante anziché deprimente. Inoltre questi soggetti sono grandi integratori, cioè mettono insieme gli opposti, le polarità, le dicotomie, facendone un'unità. Sono capaci di fondere insieme in maniera non incompatibile cuore e cervello, dovere e piacere. Per loro diventa difficile distinguere tra lavoro e divertimento. Sono persone al massimo grado di maturità e nel frattempo molto infantili, con un Io molto marcato e allo stesso tempo capace di ritirarsi anche completamente. Sono in grado di concentrarsi sui problemi e allo stesso modo di trascendere la propria coscienza. Questo succede al grande artista, come al grande medico, al grande filosofo, al grande genitore e al grande inventore: sono tutti integratori. L'artista per esempio può esserlo nel mettere insieme colori e forme contrastanti o cercando di comunicare allo stesso tempo emozioni a valenza positiva e negativa. Queste persone sono capaci di farsi trasportare dalle emozioni, a differenza dei nevrotici e dell'uomo medio i quali controllano, inibiscono, reprimono, sopprimono e disapprovano la loro dimensione più profonda e si aspettano che gli altri facciano lo stesso. È come se le persone creative nell'autorealizzarsi sprecassero meno tempo e minore energia di controinvestimento per proteggersi contro sé stessi. In questo modo molta parte del loro Io è disponibile per essere volta a scopi creativi e per tutte le esperienze più belle della loro vita. L'uomo medio, di buon senso e ben inserito, si adatta alla realtà non considerando gran parte di ciò che si trova nel suo profondo e in questo modo perde molto, in quanto queste profondità sono anche la fonte potenziale di tutta la sua gioia, della sua capacità di amare e di essere creativo. Proteggendosi dall'inferno interiore egli si esclude contemporaneamente dal paradiso interiore e nei casi più estremi troviamo l'individuo ossessivo, piatto, rigido, gelato, controllato e prudente, che non è capace di ridere, scherzare, amare o di essere sciocco e infantile e la cui immaginazione, emotività e intuizioni si lasciano soffocare o alterare.

Vorrei citare il pensiero di Weiss riguardo alla sua posizione sulle caratteristiche personologiche del "genio creativo", in quanto trovo che il suo pensiero sappia cogliere l'essenza del funzionamento dinamico che sta alla base della personalità creativa. Penso inoltre che esso renda conto di tantissimi aspetti che molti autori hanno affrontato solo singolarmente.

"Nel genio creativo, però, l'Io psichico si estende su un territorio psichico molto più ampio di quanto non avvenga nel caso della gente comune... i processi creativi che sono fenomeni altamente integratori, possono svolgersi inconsciamente solo quando sono investiti dal senso dell'Io nella sua globalità... il genio non sente necessariamente di essere stato egli stesso (il suo "Io") a produrre la creazione che è apparsa alla sua mente... ma non appena la produzione psichica desiderata entra nel preconscio... l'individuo sperimenta una sensazione di fiducia e di sollievo già prima di cercare di esprimere questa produzione consciamente" (Weiss, 1960 p. 16).

4.2 Il cervello della persona creativa

È universalmente accettato che il funzionamento mentale abbia un presupposto biologico avente come sede principale il cervello (Cesa-Bianchi & Antonietti, 2003). Considerato ciò, si può cercare di comprendere quali siano le caratteristiche del cervello delle persone creative e quali siano le basi biologiche della creatività. Nel fare ciò eviterò di soffermarmi sulle varie posizioni teoriche o filosofiche assunte negli anni circa il rapporto mente–cervello e si passerò direttamente alla trattazione degli elementi emersi dalle varie indagini neurofisiologiche riguardanti la creatività.

La concezione suffragata ad oggi sia dalle indagini cliniche neuropsicologiche che dalle relazioni evidenziate tra creatività e patologia mentale concepisce il cervello come un organo unitario il cui funzionamento per le attività complesse, come quelle creative, vede un coinvolgimento non circoscrivibile a singole aree cerebrali autonome (Ibidem). Ne consegue che la creatività vede una partecipazione globale del cervello con un'ampia attivazione dell'area corticale dell'emisfero destro (implicato nelle attività immaginative), associata all'attivazione delle aree corticali linguistiche dell'emisfero sinistro e con la partecipazione delle aree emozionali dei centri sottocorticali. Questa compartecipazione può variare di intensità a seconda delle modalità dell'espressione creativa, ma è sempre operante (Ibidem).

"Anche se la realtà è più complessa, è indubbio che una parte del nostro cervello, l'emisfero sinistro, esercita un ruolo prevalente nelle attività simbolico-linguistiche e in forme di pensiero che potremmo definire logico-computazionali […] L'altro emisfero, quello destro, viene invece considerato per le sue capacità di insieme, per la sua specificità nel trattare le informazioni di tipo visivo-spaziale, per il suo essere coinvolto in attività musicali, nella stessa intonazione del linguaggio, un'attività che fa capo a strutture logiche ma è anche fortemente caratterizzata, in termini di comunicazione, dalle sue componenti emozionali" (Oliverio, 1995, p.53). Possiamo quindi pensare alla creatività come alla capacità di far dialogare sinergicamente le potenzialità dei due emisferi attraverso un intreccio tra pensiero divergente e pensiero convergente dove con il primo la mente funziona senza controllo e censura producendo in totale libertà il maggior numero di idee anche apparentemente assurde e col secondo interviene il giudizio utilizzando la critica, la valutazione e la selezione delle idee concretamente percorribili.

In questo senso, alla base della creatività c'è "la capacità del cervello di formare delle immagini mentali, di ricombinarle in una sorta di continuo caleidoscopio al cui interno vengono compiute associazioni logiche ma anche fantastiche, […] una capacità in cui si fondono elementi ludici e processi logici senza di cui non esisterebbe la possibilità di fornire risposte divergenti e innovative, di guardare la realtà usuale con un'ottica insolita, di estrarre elementi nuovi da informazioni banali [...]. Considerata in questi termini la creatività sconfina con la plasticità del cervello, con le sue funzioni e caratteristiche di base" (Oliverio, 1995, p.52). Altri studi (Perkins, 1981) evidenziano come gli "individui creativi non facciano ricorso a operazioni mentali loro esclusive; essi fanno invece uso degli stessi processi cognitivi di cui si servono le altre persone, applicandoli però in modo più efficiente e flessibile [...]" (Gardner, 1995, p. 143). Altra informazione rilevante è che non sono state riscontrate diversità significative nel cervello di artisti, quindi le basi biologiche della creatività sarebbero presenti in ogni individuo. Si può solo ipotizzare che il cervello di grandi artisti particolarmente precoci, come nel caso di Mozart, abbia raggiunto la sua maturità biologica in maniera più rapida del normale; allo stesso modo è possibile ipotizzare che artisti come Michelangelo, che hanno realizzato opere creative in età avanzata, abbiano avuto un cervello in grado di conservare tale maturità biologica senza che a turbarla intervenissero fenomeni di decadimento morfo-funzionale (Cesa-Bianchi & Antonietti, 2003).

4.3 Dimensione individuale e collettiva della creatività

La dimensione individuale dell'artista si esplica attraverso momenti di solitudine che riassumono in sé molte delle solitudini comuni ad ogni uomo, ma ha anche aspetti peculiari che la contraddistinguono (Pastega,2000). Essa può essere intesa come stato oggettivo, corrispondente all'essere lontani fisicamente da altre persone o come stato soggettivo: un individuo può sentirsi solo anche in mezzo ad una folla di persone. Spesso nella letteratura la solitudine è stata vista come una grande risorsa nella quale l'animo umano incontrerebbe un ambiente con caratteristiche feconde all'elevazione del suo intelletto, un ambiente ideale per il processo creativo. Grandi esempi sono il pensiero di Leopardi, che vede nella solitudine la possibilità di rafforzare e di mettere in opera l'immaginazione, o Emily Dickinson che vedeva nella solitudine un incontro dell'anima tra finito ed infinito.

La solitudine può diventare ritrovamento del lato più sublime di sé, meditativa consapevolezza oppure negativa constatazione del limite invalicabile della condizione umana (Ibidem).

Talora il senso della solitudine può suscitare coraggiosa ribellione, eroica resistenza e tentativo creativo di riempire il vuoto con l'ideale e l'illusione, l'amore e il sogno. In questo senso la solitudine della persona creativa può divenire la dinamica potenzialità dello spirito che si raccoglie in sé stesso per potersi sviluppare ed esprimere, simile a quella del vulcano che si prepara all'eruzione. Essa nasce da un bisogno di verità e di amore a cui rispondere e di cui farsi interprete. Ha percorsi misteriosi e sconosciuti, fantastici e metaforici. Possiede la sua duplicità sconcertante di cercare il mistero e insieme di volerlo svelare (Ibidem).

Quando la persona creativa si immerge nel processo creativo si trova sola nell'atto di creare, di dare forme, suoni, contenuti e ciò avviene attraverso la fantasia, l'immaginazione, l'ispirazione; tutti mezzi di cui l'artista si serve per dare una sua verità. In questo atto il soggetto si trova distaccato dalla realtà ed è proprio questa separazione che da una particolare impronta rivelatrice al suo mondo poetico e più è alto il suo mondo poetico, tanto maggiore è la solitudine nell'atto creativo (Ibidem).

La solitudine della persona creativa si ripropone ogni volta necessariamente nel processo creativo e rappresenta quella condizione solitudine cosmica nella quale è possibile elevarsi nel tentativo di trovare e dare verità. Tale condizione umana è sintetizzata in maniera esemplare da Quasimodo:

"Ognuno sta solo sul cuor della terra
trafitto da un raggio di sole
ed è subito sera"

(S. Quasimodo, 1930, "Ed è subito sera").

Nell'intento dell'artista di dare una rappresentazione del Sé e del fuori di Sé egli deve svolgere un'azione di approfondimento del proprio Io, di scavo coraggioso dell'anima, di percorso solitario e drammatico nel labirinto dell'inconoscibile, per estrarne, come da una miniera preziosa e drammatica, il canto (Pastega, 2000).

La solitudine creativa di cui stiamo parlando nasce da un bisogno d'amore e precede un atto d'amore con il quale l'artista getta, attraverso la sua opera, un ponte ideale tra sé stesso e il fuori da Sé, quindi con il mondo e gli altri uomini. È il ponte che cerca di svelare il mistero della vita e della morte. Uscita dal travaglio interiore, l'opera artistica riesce a riempire di suoni, immagini e bellezza il silenzio della condizione umana.

A mio parere quanto è stato appena detto sulla condizione individuale del processo creativo è di cruciale importanza per cogliere le condizioni intrapersonali che permettono l'attuarsi del processo creativo artistico. Parlando invece di atto creativo con accezione più ampia, che comprenda cioè anche il campo scientifico, credo che ci sia la necessità di dare un ruolo più di rilievo anche all'ambiente nel quale la mente creativa si muove e attinge per poi ricostruire, innovare o anche rivoluzionare. A tal proposito Gardner (1994) sottolinea come la dimensione collettiva svolga un ruolo cruciale nella creatività. Nella sua ricerca su sette personalità creative (Freud, Einstein, Picasso, Stravinskij, Gandhi, Eliot, Gandhi, Martha Graham) sottolinea che "tutti quanti, nel corso della loro giovinezza, cedettero al fascino delle principali città d'Europa o dell'America settentrionale [...]. In queste città essi trovarono dei giovani come loro, costruirono i loro gruppi di studio e i loro circoli artistici o scientifici, lanciarono giornali e spettacoli iconoclastici, attraversarono lunghi periodi di gestazione intellettuale che finirono per portarli a importanti conquiste creative" (Gardner, 1994, p. 244).

Partendo dal presupposto che "anche se spesso si pensa che gli individui creativi operino nell'isolamento, in realtà il ruolo degli altri individui è cruciale per tutto il corso del loro sviluppo" (Gardner,

1994, p.25).
Gardner individua la creatività come risultato dell'interazione di tre fattori:

1. il talento individuale;
2. l'ambiente, sia nella dimensione del sostegno e dell'incoraggiamento affettivo, sia in quella lavorativa, che giudica la qualità degli individui e dei prodotti;
3. Il campo o la disciplina in cui quella persona lavora.

In questa prospettiva interattiva la persona creativa è quella che opera in un campo specifico di attività, quindi la sua creatività si manifesta in quel settore per un insieme di fattori e non per un generico tratto di personalità, manifesta costantemente la sua creatività e non si limita a trovare soluzioni a problemi, ma può esprimere la sua creatività anche nel formulare nuovi interrogativi. La persona creativa vede poi accettare le sue soluzioni in un particolare ambiente culturale. In questo senso, l'etichetta di creativo è un giudizio sociale: "non esiste nulla che sia, o non sia, creativo in sé e per sé. La creatività è un giudizio per sua natura sociale e culturale" (Gardner, 1994, p.54).

4.4 Climi che favoriscono la creatività

Sulla base di studi interculturali e analizzando le biografie di persone innovative è emerso che la creatività tende ad emergere in climi orientati alla fiducia, che incentivano e favoriscono l'autonomia personale, tolleranti alla diversità, aperti al cambiamento e nei quali si sono poste stimolazioni in maniera non coercitiva e principalmente in forma ludica (Cesa-Bianchi& Antonietti, 2003).
A fronte di quanto appena detto appare determinante che lo stile educativo e l'atteggiamento dei genitori possano avere una funzione inibitoria o amplificatrice del potenziale creativo del bambino.

Si è indotti a ritenere che anche la qualità della relazione che intercorre nei primi anni di vita tra bambino e insegnante possa intervenire per ostacolare o facilitare le attitudini e le abilità creative. Infatti lo stile cognitivo di approccio allo studio può essere guidato dall'insegnante verso un apprendimento meccanico che si basa sull'utilizzo di schemi mentali usuali fondati sulla riedizione di procedure ben consolidate o, al contrario, stimolare la curiosità e il gusto per direzioni di pensiero insolite e avventurose. Le classi improntate a quest'ultima descrizione sono classi aperte che favoriscono l'elasticità, la creatività e la responsabilizzazione degli alunni (Ibidem).

Nel caso di classi in cui sono previsti due docenti è emerso che le potenzialità creative di pensiero sono favorite maggiormente dalla presenza di due insegnanti dallo stile d'interazione opposto: un insegnante dallo stile relazionale aperto e uno dallo stile chiuso.

Ciò è probabilmente dovuto al fatto che i bambini, trovandosi in una situazione conflittuale, sono stimolati a sviluppare una condotta creativa verso una doppia modalità relazionale che li spingerebbe a forme di pensiero più flessibili e superiori a quelle di altri coetanei che si trovano in situazioni non conflittuali.

Da una ricerca sulla curva di sviluppo della creatività degli studenti italiani (Rubini, 1980 cfr. Trombetta, 1989, p.119), coerentemente con altre ricerche internazionali, si evidenzia: una crescita abbastanza notevole della capacità creativa fino agli 11 anni; un lieve calo verso i 12; una progressiva stabilizzazione nell'adolescenza.

Il declino della creatività in età adolescenziale trova in letteratura due principali risposte:

1 "le tecniche educative utilizzate nella nostra società sono repressive per la creatività infantile;

2   solo gli adolescenti dotati di un alto livello di creatività hanno la capacità di continuare il loro sviluppo creativo nell'età adulta" (Trombetta, 1989, p.121).

Pur considerando le molte variabili che interagiscono in questo fenomeno è legittimo chiedersi cosa possa fare la scuola per favorire

o almeno non frenare questa abilità. Torrance, che negli anni '60 si è occupato a lungo di questi problemi, consiglia questi atteggiamenti da parte del docente:
· rispettare le domande non conformiste;
· rispettare le idee insolite o non conformiste;
· far sentire ai ragazzi che le loro idee hanno un valore;
· assicurare le opportunità di un apprendimento autonomo e dà credito all'alunno;
· assicurare periodi di esercitazioni, di pratica e di apprendimento non soggetti a qualsiasi tipo di valutazione (Trombetta, 1989, p.150).

Sul versante dell'ambiente familiare le ricerche hanno individuato come determinanti per lo sviluppo della creatività: un rapporto educativo improntato alla tolleranza, il rispetto dell'autonomia infantile, l'antidogmatismo, la libertà d'espressione dell'iniziativa personale, l'autonomia di autoregolazione nel gioco (Rubini, 1980). A questi importanti indici si affiancano, dall'adolescenza in poi: la libertà di manifestare interessi intellettuali, di gestire autonomamente la propria attività sociale, di dare libera espressione alla fantasia e al sogno ad occhi aperti.
Watson (1957) ha inoltre constatato che i bambini provenienti da famiglie con un alto grado di permissività educativa sono caratterizzati da atteggiamenti più spontanei, indipendenti, non convenzionali, più amichevoli e meno aggressivi rispetto a quelli provenienti da famiglie integrate e affettuose, ma orientate a imporre una più rigida e stretta disciplina.
Nell'orientamento verso la divergenza, piuttosto che verso la convergenza, è importante anche che l'ambiente in cui ci si muove e in cui si cresce sia ricco di elementi capaci di facilitare e stimolare l'emergere del potenziale creativo. Questa facilitazione, dovuta alla sollecitazione ambientale, si configura come tale solo se collegata ad atteggiamenti educativi non direttivi, che accettano proposte e iniziative dei soggetti, che offrono modelli di identificazione diversi,

che non nascondono i conflitti, ma li affrontano apertamente (Rubini, 1980).

Parallelamente a quanto osservato per l'ambiente scolastico è stato rilevato che una anche certa conflittualità nello stile educativo tra i genitori, tenuta comunque sotto controllo e che non arrivi a livelli intensi, creerebbe una situazione più feconda allo sviluppo delle attitudini creative (Rubini, 1980). Ciò è probabilmente dovuto alla maggiore flessibilità richiesta dell'ambiente ed ai più generali processi di identificazione.

Conclusione con riferimento a Popper e al mondo 3

L'idea di affrontare questo argomento è nata da determinate esperienze che ho vissuto in prima persona. In particolar modo nel mondo della composizione musicale, attività che mi coinvolge da diversi anni e dall'impatto conseguente all'incontro con la teoria del mondo tre di Popper, avvenuto casualmente durante la preparazione dell'esame di filosofia della mente.

Nonostante siano passati diversi anni da quell'esperienza, porto con me la sensazione di aver scoperto qualcosa di vero, qualcosa che forse implicitamente ed inconsciamente pensavo già dentro di me, ma che non riuscivo a concettualizzare del tutto.

Per stare attinenti a questo libro potrei dire che l'integrazione della teoria di Popper nel corpo di conoscenze psicologiche che avevo già precedentemente acquisito ha creato nuovi collegamenti e nuovi nessi che sono risultati come una sorta di insight personale la cui riorganizzazione permane tuttora nella mia mente.

L'emozione e la sensazione di scoperta della vera essenza dei fenomeni della realtà e quella di rivelazione di alcuni dei misteri della vita dell'uomo che spesso mi hanno accompagnato nel mio percorso di studi, sono state il motore stesso di questo piccolo libro.

La scelta e lo spazio dedicato agli autori e agli argomenti sono stati infatti guidati proprio da quella sensazione di verità e di scoperta che si può sperimentare leggendo le opere di certe "menti" che hanno saputo portare il proprio intelletto a livelli talmente sublimi da sembrare veramente ispirati da qualche divinità.

Karl Popper (1996), all'interno del dibattito scientifico riguardante i rapporti che intercorrono tra mente e corpo e tra stati mentali e stati fisici del cervello, elabora la teoria dei tre mondi. Egli identifica il "mondo uno" nella sfera degli oggetti fisici, il "mondo due" nella sfera dell'esperienza soggettiva, dei sentimenti, delle emozioni e definisce il "mondo tre" come avente a che fare con i prodotti della mente umana. Nel mondo tre, si incontrerebbero le idee del mondo uno e la realtà del mondo due, creando prodotti come il linguaggio, che veicola pensieri e idee servendosi di mezzi oggettivi come fonemi o come le pagine di un libro. Al mondo tre appartengono quindi anche tutti i prodotti dell'arte, della musica della letteratura e anche della scienza.

La cosa che più interessa in questo contesto è ciò che Popper intende per autonomia del mondo tre e l'interazione che può verificarsi tra l'artista e il mondo tre. L'artista, ma anche lo scienziato, possono trarre dal mondo tre più di quanto ci abbiano messo.

Tra noi e il mondo tre c'è lo stesso tipo di interazione che si verifica quando un pittore fa una macchia di colore sulla tela e poi arretra per osservare l'effetto e valutarlo. L'effetto può essere intenzionale o meno. Se non è intenzionale, il pittore può correggere ed eliminare la macchia di colore. L'effetto non intenzionale può però anche suggerirgli una nuova idea più efficace di quella originariamente pensata. Può far sì che egli veda il suo dipinto con occhi nuovi, in una luce diversa e spingerlo a modificare l'obbiettivo che si era posto originariamente.

In modo simile Einstein disse una volta "la mia matita è più intelligente di me". Ciò che egli naturalmente intendeva dire era che scrivendo le cose ed eseguendo i calcoli su carta riusciva spesso ad ottenere risultati che andavano al di là delle sue anticipazioni. Possiamo dire che usando carta e matita egli si collegava al terzo mondo della conoscenza oggettiva. Egli rendeva così oggettive le sue idee soggettive (ibidem).

Un episodio simile riguardò anche il compositore Joseph Haydn, il quale dopo aver ascoltato una sua opera dal nome *"La creazione"*, scoppiò in lacrime affermando di non essere stato lui a comporla (ibidem).

L'artista nel corso del processo creativo interagisce con la sua opera e ne riceve costantemente suggerimenti che superano le sue intenzioni originarie.

La teoria del mondo tre porta ad una concezione del processo creativo artistico che va oltre quella visione secondo cui l'arte è una forma di autoespressione degli stati psicologici consci o inconsci dell'artista ed apre nuovi orizzonti facendo intendere che ogni grande opera d'arte trascende l'artista stesso. L'artista può imparare costantemente dalla sua opera mentre sta creando, proprio interagendo con il mondo tre.

A mio parere la concezione del mondo tre di Popper rende giustizia e collega molte delle teorie esposte in questo testo, anche se ovviamente rimane su un piano meno analitico e meno descrittivo. Il mondo tre da lui concettualizzato può essere inteso come la parte sommersa che ingloba sia l'inconscio dell'artista, inteso in senso freudiano che l'inconscio collettivo, inteso in senso junghiano.
Anche la capacità dell'artista di saper cogliere certi suggerimenti impliciti nella propria opera e di sapersi fare guidare da essa anche verso direzioni inusuali che sono diverse dall'idea iniziale e senza l'aderenza ad uno schema precostituito sono caratteristiche che presuppongono che egli abbia in sé una certa sensibilità e una certa flessibilità di pensiero che sono tratti di personalità ricorrenti in molte delle teorie psicologiche sulla creatività. Inoltre, grandi analogie si possono fare anche in relazione al concetto di regressione al servizio dell'Io proposto da Kris: nel momento in cui l'artista popperiano mette su carta i primi abbozzi di un disegno o le prime note di un brano, agisce con il proprio Io, intenzionalmente e consciamente, spinto da una motivazione intrinseca interiore. La capacità di sapersi poi addentrare nel mondo tre lasciando che l'opera stessa possa dare il suo contributo e partecipare nell'indicare la direzione da intraprendere trova un'analogia con il concetto di regressione funzionale controllata dell'Io proposta da Kris. In questo senso l'artista di Popper, addentrandosi nel mondo tre, sta stabilendo un contatto tra il proprio Io e l'inconscio e una volta entrato in contatto con esso

riesce a portare gli elementi del processo primario al servizio dell'Io e a utilizzarli in maniera creativa.

Il concetto dell'opera che trascende l'artista stesso proposto da Popper è qualcosa che va oltre tutte le concettualizzazioni fin qui esposte, qualcosa che forse supera la stessa capacità di comprensione dell'intelletto umano e che rende ancora meno afferrabile, ma ancora più affascinante, il processo creativo.

Ringraziamenti:

Voglio ringraziare tutte le persone che in questi anni hanno collaborato con me alla creazione di musiche e canzoni condividendone le emozioni e la trascendenza.

In particolare: Adriano, Patrizia, Claudia, Pany, Erik, Sax, e Sara; spesso miei compagni in quei viaggi che portano alla solitudine cosmica nella quale è possibile elevarsi nel tentativo di trovare e dare verità, di svelare il mistero che c'è tra la vita e la morte.

Bibliografia

Adler, A. (1939), in De Caroli, M. (1996). *Una briglia all'emozione. Creatività e psicoanalisi.* Franco Angeli: Milano.

Arieti, S. (1959-1966). *American Handbook of Psychiatry*, New York (trad. it. Manuale di Psichiatria, Boringhieri: Torino, vol. 3, 1970).

Arieti, S. (1976). *Creativity. The Magic Synthesis*, New York (trad. it. Creatività. La Sintesi Magica, Il Pensiero Scientifico: Roma, 1979).

Blum, H.P. (1979). The Curative And Creative Aspects Of Insight. *Journal of the American Psychoanalytic Association*, 27S: 41-70 (trad. it. Aspetti curativi e creativi dell'insight, in (Galli, F. a cura di) Preconscio e creatività, Einaudi: Torino, 1999).

Bruner, J.S. (1962). The Condition of Creativity, (in Gruber, H.E., Terrel, G. & Wertheimer, M.) Contemporary approaches to creative thinking: A symposium held at the University of Colorado, *The Atherton Press behavioral science series*, Atherton Press: New York.

Carotenuto, A. (1982), in De Caroli, M. (1996). *Una briglia all'emozione. Creatività e psicoanalisi.* Franco Angeli: Milano.

Cattell, R.B. & Drevdahl, J.E. (1965). A comparison of personality profiles of eminent researchers. *British Journal of Psychology*, *46*, 248-261.

Cattell, R.B. (1971). *Abilities: Their Structure, Growth and Action.* Houghton Mifflin: Boston.

Cesa-Bianchi, M. & Antonietti, A. (2003). *Creatività nella vita e nella scuola*, Mondadori Università.

Chasseguet-Smirgel, J. (1971). *Pour une psychanalyse de l'art et de la créativité*, Parigi: Peyot (trad. it. Per una psicoanalisi dell'arte e della creatività, Raffaello Cortina Editore: Milano, 1989).

Cfr. Csikszentmihalyi, M. & Rochberg-Halton, E. (1986). Il significato degli oggetti. I simboli nell'abitazione e il Sé, Kappa: Roma, in Csikszentmihalyi, M. (1988). *Optimal experience: Psychological Studies of flow in consciousness,* Cambridge University Press: New York.

De Caroli, M. (1996). *Una briglia all'emozione. Creatività e psicoanalisi.*

Franco Angeli: Milano.

Duncker, K. (1935). *Zur Psychologie des productiven Denkens*, Berlin (trad it. La psicologia del pensiero produttivo, Giunti B.: Firenze, 1969).

Freud, S. (1907). *Der Dichter und das Phantasieren* (trad. it. Il poeta e la fantasia, in Opere, vol. 5, Boringhieri: Torino, 1972).

Freud, S. (1911). *Formulierungen auf Basis von zwei Prinzipien des psychischen Lebens* (trad. it. Precisazioni sui due principi regolatori della vita psichica, in Opere, Vol. 6, Bordigheri: Torino, 1974).

Freud, S. (1915). *Vorlesungen zur Einfuhrung in die Psychoanalyse* (trad. it. Introduzione alla psicoanalisi, in Opere, vol 8, Boringhieri: Torino 1976).

Freud, S. (1940). *Abriss der Psychoanalyse*, German Edition (trad. it. Compendio di Psicoanalisi, in OSF, XI, 1979).

Fromm, E. (1959). *L'atteggiamento creativo* (in Andreson, H.H., trad. it. La creatività e le sue prospettive, La Scuola: Brescia 1972).

Fromm, E. (1971). *L'atteggiamento creativo* (in Andreson, H.H., trad. it. La creatività e le sue prospettive, La Scuola: Brescia 1972, pp. 71-77).

Gardner, H. (1994). *Creating Minds: An Anatomy of Creativity As Seen Through the Lives of Freud, Einstein, Picasso, Stravinsky, Eliot, Graham, and Ghandi* (trad. It. Intelligenze creative. Fisiologia della creatività attraverso le vite di Freud, Einstein, Picasso, Stravinsky, Eliot, Gandhi e Martha Graham, Feltrinelli: Milano).

Gennaro, A. & Bucolo, G. (2006). La personalità creativa. La Terza: Roma.

Gardner, H. (1995). *Multiple intelligences: tha theory in practice. A reader* (trad. it L'educazione delle intelligenze multiple: dalla teoria alla prassi, Anabasi: Milano).

Guilford, J.P. (1956). The structure of intellect. *Psychological Bulletin, Vol 53(4)*, Jul, 267-293.

Guilford, J.P. (1976). *Intellectual Factors in Productive Thinking* (in Mooney, R. & Razik, T., *Explorations in creativity*, pp. 95-106,

Harper & Row: New York).

Jaffè, A. (1961). Il simbolo nelle arti figurative, in *Man and his Symbols* di Jung, C, G. (trad. it. L'uomo e i suoi simboli, Raffaello Cortina Editore: Milano, 1982).

Jung, C.G. (1912). *Wandlungen und Symbole der Libido* (trad. it. La Libido. Simboli della trasformazione, in Opere vol. 5, Bollati Boringhieri: Torino, 1965).

Jung, C.G. (1928-1931). *Die dynamik des unbewussten* (trad. It. La dinamica dell'inconscio, in Opere vol. 8, Bollati Boringhieri: Torino, 1994).

Jung, C.G. (1961). *Man and his symbols*, Ferguson Publishing Company (trad. it. L'uomo e i suoi simboli, Raffaello Cortina Editore: Milano 1983).

Kanzisa, G. (1973). Il problem solving nella psicologia della Gestalt, in Mosconi, G. & D'Urso, V. *La soluzione dei problemi*, Giunti: Firenze.

Klein, M. (1948). *Contributions to Psychoanalisis. 1921-1945*, The Hogarth Press: Londra (trad. it. Contributi alla Psicoanalisi, in Scritti 1921-1945, Boringhieri Editore: Torino 1977).

Klein, M. (1963), in De Caroli, M. (1996). *Una briglia all'emozione. Creatività e psicoanalisi*. Franco Angeli: Milano.

Koffka, K. (1935). *Principles of Gestalt psychology*, London (trad. it. Principi di psicologia della Forma, Bordigheri: Torino 1970).

Kris, E. (1952). *Psychoanalitc explorations in art*, New York (trad. it. Ricerche psicoanalitiche sull'arte, Einaudi: Torino 1967).

Kris, E. (1956). On some vicissitudes of insight in psychoanalysis, in *Selected Papers of Ernst Kris New Haven*: Yale University Press, 1975 pp. 252-271.

Langer, S.K. (1942). *Philosophy in a New Key*, Harward University Press: Cambridge (trad. It. Filosofia in una nuova chiave, Armando: Roma,1972).

Luchins, A. (1942). Mechanization in problem solving, in *Psychological Monographs 34*, APA: Washington.

Luchins, A. & Luchins, E.H. (1950). New experimental attempts at preventing mechanization in problem solving, in *The Journal of General Psychology*, Vol. 42, Issue 2, 1950.

Luchins, A., & Luchins, E.H. (1959). *Rigidity of behavior. A Variational Approach to the Effect of Einstellung*. University of Oregon Books: Eugene, Oregon. Maier, N. (1930). Reasoning in Humans I. On Direction, in *Journal of Comparative Psychology*, Vol. 10(2), Apr. 1930, 115-143.

Maier, N. (1931). Reasoning in Humans II. The solution of a problem and its appearance in consciousness, in *Journal of Comparative Psychology*, Vol. 12(2), Aug. 1931, 181-194.

Maier, N. (1933). An aspect of human reasoning, in *British Journal of Psychology*, General Section, Vol. 24, Issue 2, Oct. 1933, pp. 144-155.

Maslow, A. (1959). Creativity in self-actualizing people, in Anderson, H.H. (a cura di) *Creativity and its cultivation*, New York (trad. it. La creatività nell'individuo che realizza il proprio Io, (in Anderson, H. H., La creatività e le sue prospettive, La Scuola: Brescia 1972).

Maslow, A. (1962). *Toward a Psychology of Being* (trad. It. Verso una psicologia dell'essere. Astrolabio-Ubaldini: Roma, 1971).

Mednick, S. (1962). The associative basis of creativity, in *Psychological Review*, Vol. 69(3), May 1962, 220-232.

Neubauer, P.B. (1979). The Role of Insight in Psychoanalysis, in *Journal of American Psychoanalytic Association*, XXVII (trad. it. Il ruolo dell'insight in psicoanalisi, Einaudi: Torino, 1999).

Neumann, E. (1949), in De Caroli, M.E. (1996). *Una briglia all'emozione. Creatività e psicoanalisi*. Franco Angeli: Milano.

Noy, P. (1967), in (Galli, F. a cura di). Preconscio e creatività, Einaudi: Torino, 1999).

Noy, P. (1978). Insight and Creativity, in *Journal of American Psychoanalytic Assosciation*, XXVI, pp. 717-48 (trad. it. Insight e creatività, Einaudi: Torino, 1999).

Nunberg, H. (1937). Symposium on the Theory of the Therapeutic

Results of Psychoanalysis, in *International Journal of Psychoanalysis*, XVIII, 161-169.

Oliviero, A. (1995). *Biologia e filosofia della mente*. Laterza: Roma.

Pastega, G. (2000). *La morte inesistente*. Clessidra: Padova.

Perkins, D. (1981). *The mind's best work* Cambridge: Harward University Press.

Popper, K.R. (1996). *Knowledge and the body-mind problem* (trad. it. Laudisa, F. a cura di, La conoscenza e il problema corpo-mente, Il Mulino: Bologna, 1996).

Rogers, C. (1954). Toward a theory of creativity. *A Review of General Semantics* 11 (1954): 249-260, New York (trad.it Per una teoria della creatività). Anche in Anderson, H.H. (a cura di), *Creativity and its cultivation*, New York (trad. it. La creatività e le sue prospettive, LaScuola: Brescia 1972).

Rubini, V. (1980). *La creatività, interpretazioni psicologiche, basi sperimentali, aspetti educativi*. Giunti: Firenze.

Rubini, V. (1980). *Analisi trasversali delle componenti divergenti dei processi cognitivi*. Orientamenti pedagogici, n°6, pp. 990-1009.

Segal, H. (1952), in Rubini, V. (1980). *La creatività, interpretazioni psicologiche, basi sperimentali, aspetti educativi*. Giunti: Firenze, p.142.

Trombetta, C. (1989). *La creatività*. Bompiani: Milano

Wallas, G. (1926). *The art of thought*, Harcourt, Brace & Company: New York.

Watson, G. (1957). Some personality differences in children related to strict or permissive parental discipline. *Journal of Psychology*, 44, 227-249.

Weisberg, R.W.(1986). *Creativity: genius and other myths*, Freeman: New York (trad.it. adattata, Guida alla creatività, Meb: Milano 1988).

Weisberg, R.W. (1993). *Creativity. Beyond the myth of genius*. Freeman: New York.

Weisberg, R.W. (1999). *Creativity and knowledge: a challenge to theories* (R. Sternberg, a cura di) Cambridge: Cambridge University Press.

Weiss, E. (1960). *The Structure and Dynamics of the Human Mind*. New

York-London: Grune & Stratton. (trad. it. *Struttura e dinamica della mente umana*, Cortina: Milano, 1991).

Winnicott, D.W. (1971). *Playing and Reality* (trad. it. Adamo, G. & Gaddini, R., *Gioco e realtà*, Armando: Roma, 2006, *La creatività e le sue origini*)